Inhalt

Vorwort 5
Ich als Lehrer 7
   Der Lehrer – Der Schüler 8
   Lehrer sind faule Säcke 10
So oder so ist er eben! 12
Der Sokratische Eid 13
Der Lehrer 14
MUTMACHER für Lehrer 16
Ihre Chance: Traumberuf Lehrer 17
LEHRER 18
Viel heiße Luft 19
Lehrer-Typen 20
Belastungserleben im Lehrerberuf 22
Test der Stressbelastung 26
Die wichtigsten Anti-Stress-Tipps 28
Zeitsystem 31
Die Entdeckung der Gelassenheit 32
Als Lehrer verstehe ich mich als 33
Ein guter Lehrer 34
Ich bekenne mich schuldig 35
Lebe jeden Tag, als würde es keinen nächsten geben 36
Was ich mich frage? 37
Mein Selbstkonzept 39
Wie es damals im Himmel zuging 40
Der perfekte Lehrer (Homo docens perfectus) 41
PERSÖNLICHKEIT 43
Wie ich bin 44
„Deumatik" oder „Fast ein Märchen" 45
Die acht Todsünden der Lehrer 47
Versagende Lehrer? – Stuss! 48
Dienstbefreiung in bestimmten Fällen 49
Lehrerbeurteilung soll vereinheitlicht werden 51
Die dienstliche Beurteilung von 1817 52
Gebühren für Lehrerleistungen 53
Anekdoten und Sprüche rund um den Schulalltag 54

... in unserer Schule 57
   Unsere Schule als Haus des Lernens 58
   Kästner: Ansprache zu Schulbeginn 59
Sich in der Schule wohl fühlen 61
Schule als Lern- und Lebensraum 62
Der Umgang aller am Schulleben Beteiligten soll verbessert werden 63

Das Abc der guten Schule	65
12 Regeln für das Haifischbecken	67
Die Schule im Wandel der Zeit	68
Max und Moritz	70
Wer sich die Musik erkiekst	73
Die 3. Generation – Halts Maul	74
Ahoi! Was wir an der Schule falsch finden	76
Der Streichelautomat	79
Lust und Frust im Schulalltag	81
Ein Lehrer an seine Schüler: Seid ungehorsam	82
Das Lernparadies – eine Geschichte aus der Zukunft	84
Was sich aus Lehrersicht ändern muss	87
Lehrer wie Fluglotsen	88
Auf dem Weg in die Zukunft	89
Anekdoten und Sprüche rund um den Schulalltag	91

...im Unterricht ... 93
Was macht einen guten Schüler aus?	94
Höhen und Tiefen im Schulalltag	96
Ein Briefwechsel	97
Hilfen für ein gutes Gespräch	98
In einem guten Unterricht ...	99
Was ich von Ihnen und Ihrem Unterricht halte	100
Ich bin motiviert, wenn ...	102
Ausreden für den Schulalltag	103
Respekt	105
Anekdoten und Sprüche rund um den Schulalltag	107

...im Kollegium ... 109
Mein soziales Netz	110
Ein guter Schulleiter...	111
Umgang mit Kollegen	112
Ich schenke dir ein gutes Wort	113
Kollegiale Fallberatung	114
Anekdoten und Sprüche rund um den Schulalltag	115

Spiel: Lehrer, ärgere dich nicht! ... 117
Spielanleitung	118
Fragekarten	119
Aktionskarten	120
Anekdotenkarten	121
Assoziationskarten	122
Wortkettenkarten	123
Satzfetzenkarten	124
Joker	125

Literaturhinweise ... 126

Vorwort

Wenn du eine Stunde lang glücklich sein willst: schlafe.
Wenn du einen Tag lang glücklich sein willst: geh fischen.
Wenn du eine Woche lang glücklich sein willst: schlachte ein Schwein.
Wenn du einen Monat lang glücklich sein willst: heirate.
Wenn du ein Jahr lang glücklich sein willst: erbe ein Vermögen.
Wenn du ein Leben lang glücklich sein willst: liebe deine Arbeit.

Chinesisches Sprichwort

Liebe Leserinnen und Leser, liebe Kolleginnen und Kollegen,

es gibt viele Untersuchungen zum Thema „Lehrergesundheit". Die Ergebnisse sind erschreckend: Lehrer[1] werden öfter krank und früher pensioniert als Angehörige vergleichbarer Berufe. Weit über die Hälfte geht vor Erreichen des Pensionsalters in den Ruhestand. Nicht einmal jeder Zehnte erreicht die reguläre Altersgrenze. Zu große Klassen, schwierige Kinder, Disziplinprobleme und mangelnde Anerkennung führen häufig zu psychosomatischen Erkrankungen.

Das negative Berufsbild in der Öffentlichkeit und der damit verbundene Rechtfertigungszwang tun das Übrige. So sind etwa die Urteile der Presse über Lehrer durchweg negativ. Das am häufigsten verwendete Adjektiv lautet „überfordert", gefolgt von „faul".
Die Bevölkerung urteilt widersprüchlich: Man neidet Lehrern einerseits die viele Freizeit, die gute Bezahlung und den sicheren Job. Andererseits ist heute häufiger zu hören: Einen solchen Beruf möchte ich nicht geschenkt bekommen. Wird Neid von Mitleid abgelöst?
Viele Lehrer verausgaben und überfordern sich oder sie haben resigniert und leiden unter ihrem Beruf. Von Spaß und Freude ist nur noch selten zu hören. Die Diskrepanz zwischen Berufsideal und Alltagsrealität wird immer größer.

Dieses Buch will zum Nachdenken und Schmunzeln anregen. Es will dazu einladen, neben dem weit verbreiteten Frust, die Lust am Lehrerberuf (wieder) zu entdecken. Es ist ein Mutmach-Buch, das mit Texten, Karikaturen und Arbeitsblättern dazu ermutigen will, über das eigene Selbstverständnis und die Befindlichkeit nachzudenken, zu reden und vielleicht auf die beruflichen und privaten Ressourcen zu blicken, aus denen man Kraft und Motivation schöpfen kann.
„Sie haben einen geilen Job!", sagte mir eine Schülerin. Sie hat Recht! Und ich spüre, wenn ich das liebe, was ich mache, hat das Konsequenzen. Denn zufriedene Lehrer haben (meistens) zufriedene Schüler!

Ich wünsche allen viele anregende und Mut machende Momente bei der Lektüre dieses Buches.

Arthur Thömmes

---
[1] Sollte hier und im Folgenden von *dem Lehrer* gesprochen werden, so sind selbstverständlich auch Sie, liebe Kollegin, mit gemeint.

Ich als Lehrer...

Der Lehrer

Ein Lehrer ist ein ...
... ständig die Schüler ermahnendes,
die Schüler vorm Abschreiben warnendes,
die Pausen im Warmen bleibendes,
ständig Arbeiten schreibendes,
in den Pausen meist rauchendes,
den Schülern keine Pause gönnendes,
immer alles könnendes,
vieles umständlich erklärendes,
auch manchmal was ordentlich lehrendes,
hinter der Tafel heimlich gähnendes,
sich nach Arbeitsschluss sehnendes
Genie.

Der mittelmäßige Lehrer erzählt.
Der gute Lehrer erklärt.
Der bessere Lehrer beweist.
Der große Lehrer begeistert.

Wahrscheinlich gibt es nicht viele Berufe, an die die Gesellschaft so widersprüchliche Anforderungen stellt:
Gerecht soll er sein, der Lehrer, und zugleich menschlich und nachsichtig, straff soll er führen, doch taktvoll auf jedes Kind eingehen, Begabungen wecken, pädagogische Defizite ausgleichen, Suchtprophylaxe und AIDS-Aufklärung betreiben, auf jeden Fall den Lehrplan einhalten, wobei hochbegabte Schüler gleichermaßen zu berücksichtigen sind wie begriffsstutzige.
In einem Wort: Der Lehrer hat die Aufgabe, eine Wandergruppe mit Spitzensportlern und Behinderten bei Nebel durch unwegsames Gelände in nordsüdliche Richtung zu führen und zwar so, dass alle bei bester Laune und möglichst gleichzeitig an drei verschiedenen Zielorten ankommen.

V. Herzog

Der Schüler

Ein Schüler ist ein ...
... mit Mappe antrabender,
Beklemmungen habender,
schüchtern sich gebender,
abgeschlossen lebender,
aufmerksam hörender,
Fremdwort gebärender,
eifrig mitschreibender,
stets höflich bleibender,
langsam auftauender,
Bleistift kauender,
redender,
lesender,
geistesabwesender,
viel diskutierender,
sich oft blamierender,
oft auch geistsprühender,
in Liebe verglühender,
lernender,
essender,
alles vergessender,
um Noten handelnder,
manchmal nachtwandelnder,
das Ende ersehnender,
bei der Arbeit stöhnender,
Prüfungsangst kriegender,
in Ängsten liegender,
Punkte erreichender,
Gunst sich erschleichender,
doch gut abschneidender,
wehmütig scheinender
Mensch.

Heutige Schüler brauchen den didaktisch sich umorientierenden, humorvollen, gelassenen und eindeutigen Lehrer sowie einen Erwachsenen, der Widersprüche und Spannungen durchzuhalten vermag, der also fordert und fördert, wagt und wägt, arbeitet und spielt, bewahrt und verändert, Freiheit ermöglicht und Bindungen zumutet.

R. Miller

Der Schüler ist ein Kind, das zur Schule geht. Der Schüler trägt einen Schulsack oder eine Schulmappe. Wir erkennen den Schüler auch an den Tintenspuren am Mittelfinger der rechten Hand.
Der Schüler hat Aufgaben. Entweder hat er die Aufgaben gemacht oder er hat sie nicht gemacht.
Der Schüler ist auf dem Schulweg. Er darf nicht zu spät kommen. Der Schüler geht zur Schule, um zu lernen. Der Schüler lernt fürs Leben.
Das Leben des Schülers ist in Lektionen eingeteilt. Vor und nach den Lektionen läutet es. Dazwischen ist Pause. In der Pause spricht der Schüler von den Lehrern, von den Aufgaben, von den Noten. Das Leben des Schülers ist in Quartale eingeteilt. Dazwischen sind Ferien. In den Ferien hört der Schüler auf, Schüler zu sein. Aber am ersten Tag nach den Ferien, wenn der Schüler wieder zur Schule geht, ist er wieder ein Schüler, der fürs Leben lernt. Nach der Schule kommt gleich das Leben. Das Leben des Schülers ist in Schuljahre eingeteilt, die direkt ins Leben führen. Je mehr der Schüler geschult ist, desto näher ist er dem Leben.

E. Eggimann

Lehrer sind faule Säcke

So, Lehrer sind also faule Säcke oder so was?!
Na, wenn du meinst…
Aber du bist gemein, wenn du alle Lehrer
über einen Kamm scheren willst.
Denn: Lehrer sind sooo unterschiedlich!

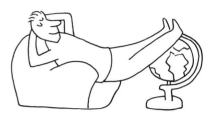

Altpapier sammelnder Lehrer	(Papiersack)
Alternativer Lehrer	(Jutesack)
Antialkoholischer Lehrer	(Saftsack)
Geselliger Lehrer	(Saufsack)
Musiklehrer	(Dudelsack)
Kunstlehrer	(Plastiksack)
Religionslehrer	(Heiliger Strohsack)
Lehrer am letzten Schultag	(Schlappsack)
Lehrer beim Strandurlaub	(Sandsack)
Lehrer bei der Aufsicht	(Schlafsack)
Lehrer in der Konferenz	(Schnarchsack)
Lehrer aus neuem Bundesland	(Sackse)
Lehrer bei der Verabschiedung	(Tränensack)
Ungepflegter Lehrer	(Drecksack)
Kollabierter Lehrer	(Plumpssack)
Pausenbrotgeiler Lehrer	(Fresssack)
Aufsicht führender Lehrer bei Regen	(Nasser Sack)
Lehrer mit Goldzähnen	(Wertstoffsack)
Lehrer mit Leberschaden	(Gelber Sack)
Lehrer mit Nebenjob	(Geldsack)
Lehrer mit Humor (!)	(Lachsack)
Singender Lehrer	(Sacksophon)
Surfender Lehrer	(Seesack)
Kleiner Lehrer	(Säckle)
Pensionierter Lehrer	(Alter Sack)

Ach ja:

Lehrer mit Kaugummi am Schuh   (Bappsack)
Lehrer mit Blähungen   (Windsack)

Merk dir das. Und weil du so brav mitgelesen hast, gibt es als kleine Belohnung ein paar Insiderinfos.
Lehrer versuchen ja meistens ihr Privatleben geheim zu halten ... aber hier ist die schonungslose Wahrheit:

Berufskleidung der Lehrer: Sacko
Abfahrtort für Lehrerausflug: Sackbahnhof
Sich auf Klassenfahrt begeben: Mit-Sack-und-Pack-Reisen
Straße, in der Lehrer wohnen: Sackgasse
Lehrerantlitz: Sackgesicht
Lehrerauto: Sackkarre

Jetzt weißt du wenigstens, wovon du redest!

GEW Hessen

So oder so ist er eben!

So oder so ist er eben!

Greift er hart durch, so ist er in seinem Erzieherverhalten bodenlos rückständig. Redet er mit den Schülern über deren Fehlverhalten, kann er sich wohl nicht anders durchsetzen.

Gesteht er eigene Fehler ein, ist seine Fachkompetenz zweifelhaft. Gibt er eigene Fehler nicht zu, hat er einen Mangel an Persönlichkeit.

Sucht er nach neuen Wegen des Unterrichtens, stört er den schulischen Ablauf. Geht er keine neuen Wege im Unterricht. Läuft bei ihm alles nach „Schema F" ab.

Rutscht ihm einmal die Hand aus, dann gilt er als Schlägertyp. Rutscht ihm nie die Hand aus, hat er bestimmt Angst vor seinen Schülern.

Treibt er in seiner Freizeit Sport, will er eben vor den Schülern glänzen. Treibt er keinen Sport, ist er wahrscheinlich zu träge dafür.

Versucht er Erziehungsprobleme mit Psychologie zu lösen, zwängt er nur die pädagogische Praxis in ein wissenschaftstheoretisches Korsett. Geht er Erziehungsprobleme ohne Psychologie an, fehlt ihm einfach jeder wissenschaftliche Background.

Geht er zu Fortbildungstagungen, hat er es sicher nötig. Geht er nie zu Fortbildungstagungen, ist er entweder zu faul oder kann dort geistig nicht mithalten.

Trinkt er einmal ein Bier, gibt er den Schülern ein schlechtes Beispiel. Trinkt er nie ein Bier, kann er nicht einmal das.

Ist er krank, ruht er sich auf dem Rücken seiner Kollegen aus. Ist er nie krank, will er wohl etwas werden.

Arbeitet er ehrenamtlich in einem Verein, hat er bestimmt zu viel Freizeit. Arbeitet er nicht ehrenamtlich in einem Verein, ist er ein Egoist.

Wird er befördert, hat er natürlich das richtige Parteibuch. Wird er nicht befördert, ist er dumm, weil er nicht das richtige Parteibuch hat.

Loben ihn die Eltern, dann meinen die Kollegen, er koche auch nur mit Wasser. Beschweren sich die Eltern bei Kollegen über ihn, meinen diese, das hätten sie schon längst gewusst.

Geht er in Kur, hat er wohl nicht genügend Urlaub. Geht er nie in Kur, ärgern sich die Schüler.

Will er den Beruf wechseln, hat er in der pädagogischen Praxis versagt. Will er den Beruf nicht wechseln, ist er vielleicht geistig zu phlegmatisch, um etwas Neues anzufangen.

Würde er, wenn er nochmals anfinge, wieder Lehrer werden, hält man ihn für verrückt. Würde er auf keinen Fall mehr Lehrer werden, hält man ihn auch für verrückt.

Macht er es allen recht, dann ist er einfach unfähig Konflikte auszutragen. Macht er es keinem recht, ist er eben wie alle übrigen Pauker, ein typischer Lehrer.

G. Fox

Der Sokratische Eid

Als Lehrer und Erzieher verpflichte ich mich, die Eigenheiten eines jeden Kindes zu achten und gegen jedermann zu verteidigen; für seine körperliche und seelische Unversehrtheit einzustehen;
auf seine Regungen zu achten, ihm zuzuhören, es ernst zu nehmen; zu allem, was ich seiner Person antue, seine Zustimmung zu suchen, so, wie ich es bei einem Erwachsenen täte; das Gesetz seiner Entwicklung, soweit es erkennbar ist, zum Guten auszulegen und dem Kind zu ermöglichen, dieses Gesetz anzunehmen;
seine Anlagen herauszufinden und zu fördern; seine Schwächen zu schützen, ihm bei der Überwindung von Angst und Schuld, Bosheit und Lüge, Zweifel und Misstrauen, Wehleidigkeit und Selbstsucht beizustehen, wann immer es das braucht;
seinen Willen nicht zu brechen – auch nicht, wo er unsinnig erscheint; ihm vielmehr dabei zu helfen, seinen Willen in die Herrschaft seiner Vernunft zu nehmen; es also den mündigen Verstandesgebrauch zu lehren und die Kunst der Verständigung und des Verstehens;
es darauf vorzubereiten, Verantwortung in der Gemeinschaft zu übernehmen und für diese; es auf die Welt einzulassen, wie sie ist, ohne es der Welt zu unterwerfen, wie sie ist; es erfahren zu lassen, wie das gemeinte gute Leben ist; ihm eine Vision von der besseren Welt und die Zuversicht zu geben, dass sie erreichbar ist;
es Wahrhaftigkeit zu lehren, nicht die Wahrheit, denn die ist bei Gott allein.
Damit verpflichte ich mich, so gut ich kann, selber vorzuleben, wie man mit den Schwierigkeiten, den Anfechtungen und Chancen unserer Welt und mit den eigenen immer begrenzten Gaben, mit der eigenen immer gegebenen Schuld zurechtkommt;
nach meinen Kräften dafür zu sorgen, dass die kommende Generation eine Welt vorfindet, in der es sich zu leben lohnt und in der die geerbten Lasten und Schwierigkeiten nicht deren Ideen, Hoffnungen und Kräfte erdrücken;
meine Überzeugungen und Taten öffentlich zu begründen, mich der Kritik – insbesondere der Betroffenen und Sachkundigen – auszusetzen, meine Urteile gewissenhaft zu prüfen; mich dann jedoch allen Personen und Verhältnissen zu widersetzen – dem Druck der öffentlichen Meinung, dem Verbandsinteresse, dem Beamtenstatus, der Dienstvorschrift – wenn sie meine hier bekundeten Vorsätze behindern.
Ich bekräftige die Verpflichtung durch die Bereitschaft, mich jederzeit an den in ihr enthaltenen Maßstäben messen zu lassen.

H. von Hentig

Der Lehrer...

...wie er sich selbst sieht.

...wie ihn seine Kollegen sehen.

...wie ihn der Schulrat sieht.

...wie ihn der Finanzminister sieht.

...wie seine Schüler ihn sehen.

...wie ihn seine Frau sieht.

...wie die Bevölkerung ihn sieht.

MUTMACHER für Lehrer

- Ich entwickle eine Haltung der Achtung, der Wertschätzung und des Respekts.
- Ich denke an mich und meine Grenzen und lerne Nein zu sagen.
- Ich habe meine Aufgaben immer vor Augen: Ich bin Lern- und Lebensbegleiter.
- Ich reduziere meine hohen Ideale und stehe zu meinen Fehlern.
- Ich konzentriere mich auf das Wesentliche und setze Schwerpunkte.
- Ich achte auf meine Energiereserven und suche regelmäßig Zeiten und Orte der Ruhe.
- Ich brauche mich nicht ständig zu rechtfertigen, denn ich stehe zu dem, was ich mache.
- Ich gehe klug und angemessen mit meinen Gefühlen um.
- Ich suche mir Menschen, mit denen ich gut und verständnisvoll reden kann.
- Ich bilde mich fachlich und methodisch weiter, denn mein Unterricht soll gut sein.
- Ich vermeide Negativdenken und blicke auf die positiven Seiten meiner Arbeit.
- Ich genieße die schönen Dinge des Lebens.
- Ich reagiere gelassen und besonnen in kritischen (Unterrichts-)Situationen.
- Ich nutze professionelle Hilfsangebote, wenn ich nicht weiter weiß.
- Ich nehme die Signale meines Körpers ernst und versuche gesund zu leben.
- Ich habe meine Schüler gern.
- Ich nehme manche Situationen eher mit Humor.
- Ich bin nicht für alles verantwortlich, auf jeden Fall aber für mein Handeln und die Konsequenzen, die sich daraus ergeben.
- Ich lerne loszulassen.
- Ich beginne den Tag mit der Absicht, das zu tun, woran ich glaube, wofür ich stehe.
- Ich bin offen für Rückmeldungen zu Inhalten und Methoden meines Unterrichts.
- Ich versuche meine Schüler für Unterrichtsthemen zu begeistern.
- Ich interessiere mich für die Lebensumstände meiner Schüler.
- Ich ermutige meine Schüler, indem ich mehr mit ihren Kompetenzen und Stärken als mit ihren Fehlern arbeite.
- ...

Meistens wird man der, der man nie sein wollte.
Doch es ist nie zu spät, der zu werden, der man sein könnte.

Ihre Chance: Traumberuf Lehrer

**Wollen Sie zur Elite gehören?
Dann kommen Sie zu uns!**

Das wird von Ihnen erwartet:
- Nerven wie Drahtseile
- Unterrichtsshows – besser als jedes Fernsehprogramm
- schauspielerische Fähigkeiten
- Sprachkenntnisse in Afghanisch, Arabisch, Kurdisch, Polnisch, Russisch, Serbokroatisch, Türkisch ...
- qualifizierter Unterricht auch in Keller- oder Abstellräumen
- sportliche Durchtrainiertheit, um auch als 60-Jähriger noch mit der Klasse Schlittschuhlaufen gehen zu können
- Grundkenntnisse als Sozialarbeiter, Seelsorger, Animateur, Schiedsrichter, Sanitäter und Verwaltungsbeamter
- Bereitstellung von Eigenkapital für die Schule (Klassenfahrten und Unterrichtsmaterialien müssen mitfinanziert werden)
- mit technischen Geräten von gestern die Schüler von heute auf die Welt von morgen vorzubereiten
- blinder Gehorsam gegenüber dem Kultusminister

Das wird Ihnen geboten:
- ständige Weiterbildungen, denn das Leben wird ja immer interessanter
- steigende Schülerzahlen unterschiedlicher Nationalitäten
- jährliche Urlaubswochen im Landheim in Begleitung aufgeweckter Schüler
- Action am Vormittag – Lassen Sie sich von Ihren Schülern überraschen!
- gemeinsames Altern im Kollegium unter dem Motto „Weißt du noch, damals ..."
- 6-Tage-Woche an etlichen Schulen
- garantierte Arbeitszeitverlängerung

Interessiert? Dann bewerben Sie sich jetzt bei ... halt! Aufgrund der bevorstehenden Arbeitszeitverlängerung haben Sie in den nächsten fünf Jahren leider keine Chance eingestellt zu werden.

Ihr Kultusminister
(Quelle unbekannt)

LUST
KR**E**ATIVITÄT
SIC**H**ERHEIT
F**R**EIHEIT
G**E**HALT
U**R**LAUB

Und was fällt Ihnen dazu ein?

L
E
H
R
E
R

Viel heiße Luft

Ein Mann in einem Heißluftballon hat sich verirrt. Er fährt tiefer und sichtet eine Frau am Boden.

Er sinkt noch weiter ab und ruft: „Entschuldigung, können Sie mir helfen? Ich hatte einem Freund versprochen, ihn vor einer Stunde zu treffen, und ich weiß nicht, wo ich bin."

Die Frau am Boden antwortet: „Sie befinden sich in einem Heißluftballon in ungefähr zehn Metern Höhe über Grund. Sie befinden sich zwischen 48 und 49 Grad nördlicher Breite und zwischen 10 und 11 Grad östlicher Länge."

„Sie müssen Lehrerin sein", sagt der Ballonfahrer.

„Stimmt", antwortet die Frau, „woher wussten Sie das?"

„Nun", sagt der Ballonfahrer, „alles, was Sie mir sagten, ist technisch korrekt, aber ich habe keine Ahnung, was ich mit Ihren Informationen anfangen soll. Fakt ist, dass ich immer noch nicht weiß, wo ich bin. Offen gesagt, waren Sie keine große Hilfe. Sie haben meine Reise noch verzögert."

Die Frau antwortet: „Sie müssen im Kultusministerium tätig sein."

„Ja", antwortet der Ballonfahrer, „aber woher wussten Sie das?"

„Nun", sagt die Frau, „Sie wissen weder, wo Sie sind, noch wohin Sie fahren. Sie sind aufgrund einer großen Menge heißer Luft in Ihre jetzige Position gekommen. Sie haben eine Versprechung gemacht, von der Sie keine Ahnung haben, wie Sie sie einhalten können und erwarten von den Leuten unter Ihnen, dass sie Ihre Probleme lösen.
Tatsache ist, dass Sie in der exakt gleichen Lage sind wie vor unserem Treffen, aber jetzt bin irgendwie ich Schuld."

(Quelle unbekannt)

Lehrer-Typen

Forscher der Universität Potsdam haben untersucht, wie sehr der Schulalltag die Gesundheit von Pädagogen belastet. Bei der Befragung kristallisierten sich schwerpunktmäßig vier verschiedene Verhaltenstypen heraus:

1. Der Gesunde

Er schafft es, genügend Distanz zur Arbeit zu halten und mit dem Leben zufrieden zu sein.
Er investiert viel Zeit und Energie in seine Arbeit.
Nur jeder sechste Lehrer ist dieser Kategorie zuzuordnen.

2. Der Sich-Schonende

Dieser Lehrer-Typ hat den geringsten beruflichen Ehrgeiz.
Er ist kaum bereit, sich im Beruf allzu viel anzustrengen.
Er führt ein ruhiges und zufriedenes Dasein.
18 Prozent der Lehrer gehören zu dieser Gruppe.

3. Der Frustrierte

Das ist der Power-Typ, der bis an die Grenzen seiner Leistung geht. Er verausgabt sich und kann selten abschalten.
Er ist eher unzufrieden, weil sein Engagement nicht genügend Anerkennung findet.
Jeder dritte Lehrer zählt dazu.

4. Der Ausgebrannte

Er ist Opfer des Burn-out-Syndroms.
Zu lange fuhr er auf Höchsttouren und nun geht gar nichts mehr. Das Arbeitsengagement nimmt ab und es fällt ihm immer schwerer, Belastungen und Enttäuschungen auszuhalten.
Zu dieser Gruppe kann man bundesweit rund ein Drittel der Lehrer zählen.

○ Der Gesunde   ○ Der Sich-Schonende   ○ Der Frustrierte   ○ Der Ausgebrannte

Wo würden Sie sich einordnen?
Wie kam es dazu?
Welche Möglichkeiten einer Veränderung sehen Sie?

Belastungserleben im Lehrerberuf

Studie des Instituts für Psychologie der Universität Potsdam

Ziel der Untersuchung ist es, herauszufinden, wie unterschiedliche Belastungen erlebt und bewältigt werden und die dafür in Frage kommenden Ursachen zu finden (Gesundheitsförderung).

Als Methode zur Erfassung und Beurteilung des individuellen Verhaltens und Erlebens wurde das Verfahren AVEM (Arbeitsbezogenes Verhaltens- und Erlebnismuster) gewählt. AVEM ist ein mehrdimensionales, persönlichkeitsdiagnostisches Verfahren, das Aussagen über gesundheitsförderliche bzw. -gefährdende Verhaltens- und Erlebnismuster in Bezug auf Arbeits- und Berufsanforderungen erlaubt.

AVEM besteht aus elf Dimensionen, die relativ konstante und übergreifende Verhaltens- und Erlebensmerkmale in Bezug auf Arbeit und Beruf darstellen:

1. Bedeutsamkeit der Arbeit
2. Beruflicher Ehrgeiz
3. Verausgabungsbereitschaft
4. Perfektionsstreben
5. Distanzierungsfähigkeit
6. Resignationstendenz (bei Misserfolg)
7. Offensive Problembewältigung
8. Innere Ruhe und Ausgeglichenheit
9. Erfolgserleben im Beruf
10. Lebenszufriedenheit
11. Erleben sozialer Unterstützung

Durchführung: Nach der Instruktion werden die Items nacheinander auf dem Bildschirm dargeboten. Der Proband gibt seine Antworten auf einer fünf-stufigen Skala (von „trifft völlig zu" bis „trifft überhaupt nicht zu") ein. Eine einmalige Korrektur und das Überspringen von Items sind gestattet. Alle nicht beantworteten Items werden am Ende des Verfahrens noch einmal dargeboten, doch besteht kein „Zwang" zur Antwort.

Es sind vier relativ stabile Muster erkennbar, die einerseits psychische Gesundheit, andererseits gesundheitliche Risiken anzeigen.

Risikomuster A: Selbstüberforderung

- überhöhtes Engagement
- stärkste Ausprägung in der Bedeutsamkeit der Arbeit, der Verausgabungsbereitschaft und dem Perfektionsstreben
- niedrigster Wert in der Distanzierungsfähigkeit
- geringe Ausprägung in der inneren Ruhe und Ausgeglichenheit
- relativ hoher Wert in der Resignationstendenz
- relativ geringe Werte in der Lebenszufriedenheit und im Erleben sozialer Unterstützung

Risikomuster B: Burn-out

- geringe Ausprägung des Arbeitsengagements und des beruflichen Ehrgeizes
- eingeschränkte Distanzierungsfähigkeit
- höchste Resignationstendenz
- geringster Wert in der offensiven Problembewältigung, der inneren Ruhe und der Ausgeglichenheit
- niedrigste Rate im beruflichen Erfolgserleben, der Lebenszufriedenheit, dem Erleben sozialer Unterstützung

Muster S: Schonung

- geringste Ausprägung in der Bedeutsamkeit der Arbeit, dem beruflichen Ehrgeiz, Verausgabungsbereitschaft und dem Perfektionsstreben
- am stärksten ausgeprägte Distanzierungsfähigkeit, niedrige Resignationstendenz
- relativ hohe Ausprägung in der inneren Ruhe und Ausgeglichenheit, der Lebenszufriedenheit und dem Erleben sozialer Unterstützung

Muster G: Gesundheit

- Ausdruck eines gesundheitsförderlichen Verhältnisses zur Arbeit
- deutliche Ausprägung der Dimensionen des Engagements im Beruf
- hohe Werte bei beruflichem Ehrgeiz, Distanzierungsfähigkeit, Widerstandsfähigkeit, Bewältigungsverhalten gegenüber Belastungen
- geringste Resignationstendenz bei Misserfolgen
- stärkste offensive Problembewältigung
- innere Ruhe und Ausgeglichenheit, höchste Werte in den Dimensionen positiver Emotionen (Lebenszufriedenheit, Erleben sozialer Unterstützung)

Es gibt eindeutige Zusammenhänge zwischen den Mustern und den gesundheitlichen Merkmalen. Die jeweilige Musterzugehörigkeit ist also in der Tat von hoher Gesundheitsrelevanz.

Während Lehrer mit dem Risikomuster A häufig mit Herz-Kreislauf-Risiken auf den erlebten Stress reagieren, leiden Lehrer des Risikomusters B am so genannten Burn-out-Syndrom: vorherrschende Resignation, Motivationseinschränkung, herabgesetzte Widerstandsfähigkeit und negative Emotionen.

In Bezug auf das psychische und körperliche Befinden, die Erholungsfähigkeit und die Krankentage finden sich bei Risikomuster A und B die höchsten, bei Muster G die niedrigsten Werte.

Risikomuster B ist insgesamt das problematischste.

Von den untersuchten Personen (4 000 Lehrer) wiesen 30 % die Risikomuster A und B auf, 60 % davon gehörten zum Risikomuster B.

Für Frauen ergab sich ein höherer Anteil des Risikomusters B und ein geringerer Anteil des Musters G als bei Männern. Die bedeutendsten Unterschiede zwischen Männern und Frauen lagen in den Bereichen der psychischen Widerstandskraft: Distanzierungsfähigkeit, innere Ruhe und Ausgeglichenheit, Resignationstendenz bei Misserfolg und offensive Problembewältigung.

Bei der Musterverteilung wurde keine altersabhängige Tendenz ersichtlich.
Besonders bedenklich stimmt dies in Bezug auf die Lehrer der ersten Berufsjahre.

Folgende drei Bedingungen wurden als am stärksten entlastend eingeschätzt:
- Aussprachemöglichkeit mit anderen Menschen
- Entspannung in der Freizeit
- Soziales Klima an der Schule.

Auch hier sind wieder klare Differenzierungen zwischen den Mustervertretern festzuhalten. Deutlich wird, dass die Lehrer mit den Risikomustern von diesen Möglichkeiten am wenigsten Gebrauch machen (können). Es lässt sich erkennen, dass das Ausmaß der in den Unterrichtspausen erlebten Entspannung eng mit der Musterzugehörigkeit korrespondiert. Es gibt eindeutige Zusammenhänge zwischen Belastungen und Arbeitsbedingungen:
- das Verhalten schwieriger Schüler
- die Klassenstärke
- die Anzahl der zu unterrichtenden Stunden

Demnach muss es eine Veränderung der Arbeitsbedingungen geben.

Gleichzeitig ist aber auch über personenorientierte Maßnahmen nachzudenken.

Test der Stressbelastung

Alle Fragen können mit Ja (2 Punkte) und Nein (0 Punkte) beantwortet werden.

1. Wiegen Sie mehr als zehn Prozent über Ihrem Normalgewicht?
2. Essen Sie oft Süßigkeiten?
3. Essen Sie viel fettige Nahrung?
4. Bewegen Sie sich selten?
5. Rauchen Sie mehr als fünf Zigaretten täglich?
6. Rauchen Sie mehr als 20 Zigaretten täglich?
7. Rauchen Sie mehr als 30 Zigaretten täglich?
8. Trinken Sie täglich mehr als drei Tassen starken Kaffee?
9. Schlafen Sie schlecht oder wenig?
10. Fühlen Sie sich morgens wie „erschlagen"?
11. Nehmen Sie Beruhigungs-/Schlafmittel oder Psychopharmaka?
12. Bekommen Sie leicht Kopfschmerzen?
13. Sind Sie stark wetterfühlig?
14. Haben Sie leicht Magenschmerzen, Verstopfung oder Durchfall?
15. Bekommen Sie leicht Herzschmerzen?
16. Sind Sie sehr lärmempfindlich?
17. Beträgt Ihr Ruhepuls über 80 Schläge pro Minute?
18. Bekommen Sie leicht feuchte Hände?
19. Sind Sie oft aufgeregt, hektisch, unruhig?
20. Lehnen Sie innerlich Ihre Arbeit oder die Schule ab?
21. Mögen Sie Ihren Chef nicht?
22. Sind Sie mit Ihrer Situation unzufrieden?
23. Ärgern Sie sich schnell?
24. Regen Sie Ihre Schüler oder Kollegen auf?
25. Sind Sie in Ihrer Arbeit sehr penibel?
26. Sind Sie sehr ehrgeizig?
27. Haben Sie bestimmte Ängste oder belastende Zwänge?
28. Werden Sie leicht ungeduldig?
29. Fällt Ihnen das Entscheiden schwer?
30. Sind Sie neidisch oder missgünstig?
31. Werden Sie schnell eifersüchtig?
32. Empfinden Sie die Schule oder die Arbeit als schwere Belastung (Druck)?
33. Stehen Sie oft unter zeitlichem Druck?
34. Leiden Sie unter Minderwertigkeitsgefühlen?
35. Sind Sie gegenüber anderen Menschen misstrauisch?
36. Haben Sie wenig Kontakt zu Mitmenschen?
37. Können Sie sich an den kleinen Dingen des Alltags nicht mehr erfreuen?
38. Glauben Sie, dass Sie ein Pechvogel oder Versager sind?
39. Fürchten Sie sich vor der Zukunft (Freundschaft, Familie, Beruf)?
40. Fällt es Ihnen schwer, sich zu entspannen?

Auswertung:

1–8 Punkte: sehr belastungsfähig, stressstabil
9–15 Punkte: normale Stressbelastung, trotzdem sollten Sie etwas gegen den Stress tun
16–22 Punkte: stärkere Stressbelastung, Sie sollten sich systematisch entspannen
23–32 Punkte: sehr stressempfindlich, systematische Entspannung unbedingt erforderlich
über 33 Punkte: Lebensumstellung notwenig, psychologische Beratung oder Arzt aufsuchen

Die wichtigsten Anti-Stress-Tipps

1. Reduzieren Sie Ihre hohen Ideale

Wer bei sich und anderen einen zu hohen Maßstab anlegt, läuft ständig Gefahr, krank zu werden. Akzeptieren Sie die Tatsache der Fehlbarkeit und Unvollkommenheit der Menschen.

2. Verfallen Sie nicht der Helfermentalität

Vermeiden Sie Überidentifikationen. Balancieren Sie zwischen Mitgefühl und emotionalem Abstand. Fühlen Sie sich nicht für alle verantwortlich. Je mehr Sie versuchen zu helfen, umso stärker wird die Hilflosigkeit ihrer Mitmenschen.

3. Lernen Sie Nein zu sagen

Vermeiden Sie zu starke Belastungen. Sagen Sie Nein, wenn die Grenzen überschritten werden. Denken Sie auch an sich. Bitten Sie Ihre Vorgesetzten um Schutz und Fürsorge.

4. Setzen Sie Schwerpunkte

Seien Sie nicht Hans Dampf in allen Gassen. Vergeuden Sie Ihre Energie nicht für unzählige Aktivitäten. Konzentrieren Sie sich auf das Wesentliche.

5. Gut geplant ist halb gearbeitet

Gehen Sie rationell mit Ihrer Zeit um. Verteilen Sie Ihre individuelle Arbeit gleichmäßig. Teilen Sie das zu Erreichende in Etappen auf, die schrittweise bewältigt werden. Vermeiden Sie Aufschubverhalten.

6. Machen Sie Pausen

Achten Sie auf Ihren begrenzten Energievorrat. Hetzen Sie nicht von einer Tätigkeit zur anderen. Bauen Sie kleine entspannende Übergänge ein (z. B. Atemübungen).

7. Sagen Sie, was Sie fühlen

Sind Sie von jemandem gekränkt worden, so bringen Sie dies zum Ausdruck. Tun Sie dies so, dass der andere nicht verletzt wird, am besten in Form einer Ich-Botschaft.

8. Suchen Sie sich emotionale Unterstützung

Geteiltes Leid ist halbes Leid. Suchen Sie sich Zuhörer und Vertrauenspersonen, denen Sie Probleme unbeschwert schildern können.

9. Suchen Sie sich sachliche Unterstützung

Sie können nicht alle Probleme allein lösen. Strapazieren Sie sich dabei nicht unnötig. Sprechen Sie Kollegen an und bitten Sie diese um Rat und Lösungsvorschläge.

10. Vermeiden Sie Negativdenken

Sagen Sie stopp, wenn Sie in Grübeleien und Selbstmitleid verfallen. Fragen Sie sich: „Was ist gut an mir?" Freuen Sie sich über das, was Sie können und leisten. Gewinnen Sie dem Leben auch positive Aspekte ab. Genießen Sie das, was aus Ihrer Sicht lebenswert ist.

11. Beugen Sie Unterrichtsproblemen vor

Bereiten Sie Ihren Unterricht gut vor. Reagieren Sie konsequent bei gravierenden Normverletzungen. Vermeiden Sie Killerbotschaften. Sorgen Sie für aktivierenden Formwechsel. Entlasten Sie sich durch sinnvolle Rituale.

12. Zeigen Sie Besonnenheit in kritischen Unterrichtssituationen

Bereiten Sie sich mental auf Disziplinkonflikte vor. Lassen Sie sich in der Konfliktsituation nicht vom ersten Negativgefühl zu impulsivem Handeln verleiten. Überlegen Sie, was Ihr Spielraum ist und welche Handlungsmöglichkeiten angemessen erscheinen. Bringen Sie Kritik am Schülerverhalten konstruktiv zum Ausdruck. Nehmen Sie dem Störverhalten durch Umdeuten, paradoxes Reagieren oder Humor den Wind aus den Segeln.

13. Konstruktive Nachbetrachtung

Arbeiten Sie kritische Situationen nochmals durch. Analysieren Sie Ihr Verhalten. Entwerfen Sie Alternativen. Beziehen Sie Kollegen in die Aufarbeitung ein.

14. Tanken Sie Energie auf

Ihr Beruf ist nicht der Nabel der Welt. Gleichen Sie berufliche Belastungen aus. Pflegen Sie Tätigkeiten und Beziehungen, die Ihnen Wohlbefinden und Sinnerfüllung ermöglichen. Eignen Sie sich Entspannungsmethoden an.

15. Suchen Sie sich sachliche Herausforderungen

Öffnen Sie sich für neue Erfahrungen. Lernen Sie weiter und bilden Sie sich fort. Erweitern Sie Ihren Horizont und Ihr Repertoire. So verbessern Sie Ihre Fähigkeit zur Stressbewältigung.

16. Nutzen Sie Hilfsangebote

Wer sich im Umgang mit schwierigen Erziehungs- und Unterrichtssituationen schwer tut, sollte damit beginnen, sich und sein Konfliktverhalten zu ändern. Gelegenheit hierzu bieten die Tandems des Konstanzer Trainingsmodells und Fallbesprechungsgruppen.

17. Gesund leben

Nehmen Sie die Signale Ihres Körpers ernst. Treten Sie kürzer, wenn Sie den Bogen überspannt haben. Schlafen Sie ausreichend. Ernähren Sie sich gesund. Betätigen Sie sich sportlich.

(nach: C. Henning und G. Keller: Die wichtigsten Anti-Stress-Tipps kurz und bündig. In: Anti-Stress-Programm für Lehrer)

Zeitsystem

Nutzen Sie Ihre Zeit und planen Sie effektiv!
Setzen Sie Prioritäten und eliminieren Sie unnötige „Zeitfresser".
Wie ist Ihr Verhältnis zur Zeit? Wie viel Zeit verschwenden Sie sinnlos? Was sind Ihre „Zeitfresser"? Die folgende Liste soll Ihnen helfen, Ordnung in Ihr Zeitsystem zu bringen.

Wichtige und effektive Tätigkeiten	Unnötige und zeitraubende Tätigkeiten	Zeiten, in denen ich durchatme und glücklich bin

Wenn du es eilig hast, gehe langsam.

Die Entdeckung der Gelassenheit

Ich fahre mit hoher Geschwindigkeit auf der Autobahn. Plötzlich erblicke ich in riesengroßer Schrift auf einem Plakat am Straßenrand die Formulierung: Die Entdeckung der Gelassenheit. Daneben ein Schiff, das auf der Straße dahinschwebt.
Was soll das? Macht die Kirche jetzt schon Werbung auf der Autobahn? Nein, das große Plakat will auf die Sicherheit im Straßenverkehr aufmerksam machen und fordert zu einer ruhigen Fahrweise auf. Ich trete auf die Bremse.
Unsere Zeit ist bestimmt von einer zunehmenden Unruhe. „Wer rastet, der rostet" sagt der Volksmund. Nur wer keine Zeit hat, gilt als wichtig und kompetent. Die Zeit rast und die Uhr tickt. Schritt zu halten fällt immer schwerer. Das Leben wird schneller und komplizierter und so wird das „eigentliche" Leben auf später verschoben: Urlaub, Rente, Leben nach dem Tod. Es wächst die Anspannung. Entspannung wird nicht zugelassen. Immer mehr Menschen haben trotz Arbeitszeitverkürzung immer weniger Zeit für das, was sie lieben. Hektik, Stress, Unruhe, ständige Erreichbarkeit, „Just in Time", „Fit for Fun" treiben die Menschen immer wieder an, selbst in der arbeitsfreien Zeit. Man könnte ja etwas verpassen.
Die Nonstop-Gesellschaft kennt keine Faulheit und keinen Müßiggang. Die Folgen sind Unaufmerksamkeit, Gereiztheit, Übermüdung, Stress und Burn-out.
Der Dichter Joachim Ringelnatz fasste dies in folgende Worte: „Du weißt nicht mehr, wie Blumen duften, kennst nur die Arbeit und das Schuften – ... so gehn sie hin, die schönsten Jahre, am Ende liegst du auf der Bahre und hinter dir, da grinst der Tod: Kaputt gerackert – Vollidiot!" Doch sie wächst, die Sehnsucht nach Entschleunigung (eine Wortschöpfung vom Beginn der 90er-Jahre). Die Menschen machen zunehmend die Erfahrung, wie wichtig es ist, auf die Bremse zu treten und die Dinge ruhiger und gelassener anzugehen.
In Japan, wo viele Menschen an Überarbeitung sterben, hat die Regierung eine Kampagne mit dem Motto „Langsames Leben" ins Leben gerufen. Die Menschen sollen sich mehr Zeit nehmen, der Tempowahn soll ausgebremst werden. Die Kabylen in Algerien bezeichnen die Eile als „Mangel an Anstand". Die Kapauku, ein Volk von Jägern und Sammlern auf Papua-Neuguinea, halten es für unanständig, an zwei aufeinander folgenden Tagen zu arbeiten. In Italien wird an einigen Schulen das Fach „Ozio" (Müßiggang) unterrichtet.
Auch in Deutschland gibt es immer mehr Initiativen, die sich für einen neuen Umgang mit der Zeit einsetzen. Es entstehen Vereine zur Verzögerung der Zeit, die auf unnötige Hektik und Beschleunigung aufmerksam machen und eine neue Zeitkultur einüben wollen.
Zeichen setzen gegen Hast und Unruhe ist nicht unbedingt etwas für jeden Menschen. Für manchen ist es die Angst, die einen davon abhält. Man könnte ja auf sich selbst zurückgeworfen werden, ins Nachdenken und Grübeln geraten.
Wir brauchen Nachhilfe in der Kunst der Gelassenheit. Die langsamere Gangart bringt mehr Lebensqualität. Die Gelassenheit macht die Menschen zufriedener, liebesfähiger, freundlicher und letztlich auch glücklicher. Nutzen wir die Chance, um so auch vielleicht einen neuen Zugang zu den wesentlichen Fragen unseres Lebens zu entdecken.

Als Lehrer verstehe ich mich als...

- Überlebenskünstler
- Respektsperson
- Coach
- Lebensbegleiter
- Moderator
- Spezialist
- Schauspieler
- Sozialpädagoge
- Wissensvermittler
- Lebensberater
- Freund
- Animateur
- Showmaster
- Vorbild
- Bildungspolitische Verfügungsmasse
- Alleskönner
- Pauker
- Alleswisser
- Kumpel
- Klassenclown
- Löwenbändiger
- Vertrauter
- Angstmacher
- Konfliktschlichter
- Träumer
- Ohnmächtiger
- Macher
- Verdränger
- Beurteiler
- Aussortierer
- Autorität
- Alleinunterhalter
- Lernhelfer
- Erzieher
- Helfer
- Fachmann
- Tröster
- Elternersatz
- Einzelkämpfer

Wie sehen Sie sich selbst?
Wie sehen die anderen (Schüler, Eltern, Schulleitung, Kollegen, Familie ...) Sie?
Wie möchten Sie gerne sein?

Ein guter Lehrer ...

- ... hat nicht immer eine Antwort auf alle Fragen.
- ... gibt seine Noten nicht nach Sympathie.
- ... interessiert sich mehr für die Stärken als für die Schwächen seiner Schüler.
- ... bevorzugt keinen Schüler.
- ... legt die Kriterien für seine Notengebung offen.
- ... macht einen abwechslungsreichen und interessanten Unterricht.
- ... überträgt seinen Stress oder seine schlechte Laune nicht auf seine Schüler.
- ... erklärt den Unterrichtsstoff so lange, bis ihn alle verstanden haben.
- ... bemüht sich gleichermaßen um bessere und weniger gute Schüler.
- ... stellt Schüler nicht bloß.
- ... lobt gute Leistungen.
- ... freut sich über seinen guten Unterricht.
- ... interessiert sich auch für die Befindlichkeit seiner Schüler.
- ... braucht nicht für Ruhe zu sorgen.
- ... macht einen lebensnahen und praxisorientierten Unterricht.
- ... macht schwache Schüler stark.
- ... zeigt Interesse für die Ideen seiner Schüler.
- ... lässt Meinungen der Schüler zu, auch wenn diese nicht seiner eigenen entspricht.
- ... nimmt konstruktive Kritik an.
- ... fördert eine gute Klassengemeinschaft.
- ... motiviert seine Schüler.
- ... begleitet Konflikte als Zuhörer und Berater.
- ... achtet darauf, dass die Hausordnung eingehalten wird.
- ... verbreitet eine positive, herzliche Atmosphäre.
- ... nimmt sich auch für persönliche Gespräche Zeit.
- ... hat Respekt und Achtung vor seinen Schülern.
- ... ist spontan und kann improvisieren.
- ... ist ein aufmerksamer Zuhörer und Gesprächspartner.
- ... ist immer gut vorbereitet.
- ... gestaltet den Unterricht mit unterschiedlichen Methoden.
- ... stärkt den Gemeinschaftssinn.
- ... identifiziert sich mit der Schule.
- ... achtet auf das Wohlbefinden der Schüler.

Fehlt noch was?

Ich bekenne mich schuldig

Winzer sind Schuld am Alkoholismus, Richter an zunehmenden Autodiebstählen, Ärzte an den vielen Krebstoten – und der Lehrer an der „neuen" Bildungsmisere!
Ja, auch ich bin schuldig.
Unfähig, faul und ausgebrannt! In den Herbstferien bin ich in das benachbarte Ausland gefahren, anstatt mich – wie in allen Berufen üblich – im Urlaub fortzubilden.
Im letzten Monat habe ich häufig Frontalunterricht veranstaltet und keine Stuhlkreise gebaut. Wo doch bereits eine veränderte Sitzordnung und die Gruppenarbeit mit den kippelnden und stänkernden Nachbarn einen enormen Lernzuwachs bedeuten.
Nicht immer habe ich motivierende Extra-Aufgaben und fächerübergreifende Projekte für meine kleinen Hochbegabten, für die Kinder nichtdeutscher Herkunftssprachen, für die Legastheniker und die an Aufmerksamkeitsstörungen Leidenden entwickelt.
Tatsächlich müssen die 32 Kinder meiner neuen 7. Klasse einfach oft zur gleichen Zeit das selbe tun. Ich weiß, das ist entsetzlich und hemmt ihren Lernzuwachs so sehr, dass sie weit hinter irgendwelchen Schwellenländern auf der Strecke bleiben.
Auf dem ersten Elternabend höre ich viele Vorwürfe, weil ich meine Hausaufgaben nicht erledigt habe:
- die Gewaltbereitschaft in der Klasse zu dämpfen
- erfolgreiche Präventionen gegen Sucht und Suchtmittel zu betreiben
- religiöse und politische Toleranz zu erkämpfen
- für die Chancengleichheit der Mädchen und der sozial Benachteiligten und für eine wirksame Aids-Prophylaxe zu sorgen.

Noch immer fehlen etlichen Kindern rudimentärste Umgangsformen und Ausdrucksmittel. Ihr Bewegungsapparat verkümmert unter meiner Aufsicht. Trotz meines fetten Gehalts und der vielen Ferien ist es mir bisher nicht gelungen, die schlechten Ernährungsgewohnheiten meiner Schüler zu verändern, das Schulhaus zu renovieren und Schulfremde fern zu halten.
Manchmal schaffe ich es einfach nicht, als Medienclown durch die Klasse zu wirbeln, um sekundenlang mit den Fernsehgewohnheiten der lieben Kleinen konkurrieren zu können.
Mein Unterricht und die Sprachfähigkeit der mir ausgelieferten Schüler wären mit Sicherheit besser, wenn der Schulrat öfter zur Kontrolle vorbeikäme und ich mich mehr von begnadeten außerschulischen Experten fortbilden ließe – durch Selbstevaluation und Selbstmotivation zur Selbstkompetenz! Stattdessen quäle ich mich mit Selbstvorwürfen, wenn im Treppenhaus der Schulleiter vorwurfsvoll mit dem Lehrplan wedelt. In Geschichte liege ich weit hinter Barbarossa zurück und in Deutsch wäre längst die Komik in Kleists „Zerbrochenem Krug" dran. Wenn wir uns zwölf Stunden täglich in vollen Klassen- und engen Lehrerzimmern herumdrücken würden, wäre der Erfolg der deutschen Bildungseinrichtungen im internationalen Vergleich immens. Und wie in allen übrigen Berufen erhöhen sich Leistungsbereitschaft und Motivation der Beteiligten erheblich durch regelmäßige Arbeitszeiterhöhungen, verstärkte Kontrollen, Weihnachtsgeldkürzungen und öffentliche Beschimpfungen.
Wir Lehrer müssen uns endlich ein bisschen mehr bemühen! Woran sollte der Bildungsnotstand sonst liegen?

G. Frydrych

Lebe jeden Tag, als würde es keinen nächsten geben

Betrachten Sie einmal ganz bewusst und intensiv einen Tag in Ihrem Leben.
Zum Beispiel den gestrigen: _____
Was haben Sie erlebt und wie haben Sie sich dabei gefühlt?
Welche Bedeutung hat dieser Tag für Ihr Leben?

Uhrzeit	Begebenheit	Gefühl

Welche Erfahrung war an diesem Tag für Sie am intensivsten?
Welche würden Sie am liebsten ungeschehen machen oder vergessen?

Was ich mich frage?

1. Wie geht es mir?

Achtsamkeit für sich selbst entwickeln

Viele Menschen werden erst dann aufmerksam auf sich und gehen behutsamer mit sich selbst um, wenn sie seelisch oder körperlich krank geworden sind. Man kann aber auch schon vorher spüren, wie es einem geht, und Verhaltensweisen, die Stress signalisieren, z. B. Unruhe, Getriebensein, übertriebener Aktionismus oder häufige Kopfschmerzen, Magenbeschwerden, Herzattacken u. Ä., wahrnehmen.

2. Wie erleben mich andere?

Für Rückmeldungen offen sein

Manchmal merken andere früher, dass man unter Stress und zu viel Belastung steht. Streiten Sie Hinweise nicht sofort ab, sondern prüfen Sie sich selbst. Andere Menschen können Ihre Selbstwahrnehmung ergänzen oder korrigieren.

3. Was will ich?

Klarheit gewinnen

Was sagt mir meine eigene Wahrnehmung und welche Konsequenzen ziehe ich aus den Rückmeldungen von anderen? Was erspüre ich und wie möchte ich handeln? Was kann bestehen bleiben, was sollte ich und was möchte ich verändern?

4. Wofür bin ich verantwortlich?

Zuständigkeiten klären

Überforderung entsteht oft, wenn Menschen meinen, sie seien für (fast) alles zuständig und verantwortlich. Die Klärung der Frage „Wie viel liegt in meiner Verantwortung?" kann helfen, Last abzugeben. Jeder ist zunächst verantwortlich für sein Handeln, die Erfüllung seiner Aufgaben, seine Wünsche und Erwartungen ... und für die Folgen, die sich daraus für sich und andere ergeben. Das Handeln anderer Menschen liegt in der Regel nicht in unserer Verantwortung. Loslassen von Verantwortlichkeit, die einem nicht auferlegt ist, befreit.

5. Was bindet mich zu sehr, wovon kann ich mich befreien?

Loslassen

Loslassen heißt Grenzen zu akzeptieren. Das „ich muss" verwandelt sich in „ich muss nicht" oder verändert sich in „ich kann, ich darf". Loslassen heißt aber auch, den eigenen

Spielraum zu finden und zu vertiefen, nicht hin- und hergerissen zu sein, abgeben können, frei zu sein.

6. Was gibt mir innere Ruhe?

Meditative Haltung anstreben

Loslassen zu können und eigene Grenzen zu akzeptieren sind Schritte auf dem Weg zu einer meditativen Haltung. Meditative Haltung bedeutet, mit sich selbst förderlich umgehen zu können, zu sich zu finden und in sich selbst zu ruhen.

7. Was tut mir gut?

Tankstellen aufsuchen

Gerade wenn man Situationen nicht vermeiden kann, die Stress hervorrufen, z. B. durch zu viel Lärm, zu viele Menschen, zu große Unruhe, zu viel Arbeit und Verantwortung, zu rasche Entscheidungen, braucht man „Tankstellen" für Kraft und Ruhe.
Wie komme ich zur Ruhe? Was macht mich zufrieden? Wo fühle ich mich wohl?
Wo komme ich zu mir? Wo sind meine Quellen der Kraft?

8. Wie kann ich Belastungen vermeiden?

Vorbeugen

Planen und strukturieren Sie Ihre Zeit und Ihr Handeln. Trennen Sie Wichtiges von Unwichtigem, wählen Sie aus und delegieren Sie. Sorgen Sie für Inseln der Ruhe.

9. Was kommt auf mich zu?

Spielen Sie schwierige Situationen durch

Was kann/wird passieren? Wie geht es mir dabei, was empfinde ich? Wie möchte ich reagieren? Wie werde ich mich verhalten? Was bringe ich an Einstellungen, Gedanken, Gefühlen mit?

(Quelle unbekannt)

Mein Selbstkonzept

Wie ich bin/wie ich mich erlebe

___

Wie andere mich haben möchten

___

Wertschätzung erfahre ich ...

___

Geringschätzung erfahre ich ...

___

Hohe Selbstachtung habe ich entwickelt, weil ...

___

Geringe Selbstachtung habe ich entwickelt, weil ...

___

Daran arbeite ich noch:

___

___

Überprüfen Sie Ihr Selbstkonzept, indem Sie die Sätze zu Ende schreiben.

Wie es damals im Himmel zuging ...

Als Gott die Menschen erschuf, dauerte das ein ganzes Stück länger, als er sich das vorgestellt hatte. Als es daran ging, die Grundschullehrerin zu erschaffen, musste er deshalb schon den sechsten Tag Überstunden machen. Da erschien der Engel und sagte: „HERR, Ihr bastelt aber lange an dieser Figur!" Der liebe Gott antwortete: „Hast du die speziellen Wünsche auf der Bestellung gesehen? Sie soll pflegeleicht, aber nicht aus Plastik sein. Sie soll 160 bewegliche Teile haben. Auf ihrem Schoß sollen zehn Kinder gleichzeitig Platz haben und trotzdem muss sie in einem Kinderstuhl sitzen können. Sie soll einen Rücken haben, auf dem sich alles abladen lässt und sie soll in einer vorwiegend gebückten Haltung leben und arbeiten können, ohne dass sie wegen akuter Rückenschmerzen dienstunfähig wird. Ihr Zuspruch soll alles heilen können, von der Beule bis zum Seelenschmerz. Und sie soll sechs Paar Hände haben."

Da schüttelte der Engel den Kopf und sagte: „Sechs Paar Hände? Das wird kaum gehen." „Die Hände machen mir keine Kopfschmerzen", erwiderte der liebe Gott, „aber die drei Paar Augen, die die Lehrerin haben muss." „Gehören die zum Standardmodell?", fragte der Engel. Der liebe Gott nickte. „Ein Augenpaar, das durch geschlossene Türen in die Nachbarklasse blickt, die sie mit führen muss, weil wieder einmal keine mobile Reserve verfügbar ist. Ein zweites Augenpaar im Hinterkopf, mit dem sie sieht, was sie von den Kindern aus eigentlich nicht sehen soll, aber dennoch wissen muss; und natürlich die zwei Augen hier vorn, mit denen sie das Kind anschauen kann, das sich unmöglich benimmt und die trotzdem sagen: Ich verstehe dich, ich habe dich lieb – ohne dass sie ein Wort spricht."

„Oh HERR!", sagte der Engel und zupfte den lieben Gott sanft am Ärmel, „geht schlafen und macht morgen weiter." „Ich kann nicht", meinte der liebe Gott, „denn ich bin nahe dran, etwas zu erschaffen, das mich einigermaßen zufrieden stellt. Ich habe es bereits geschafft, dass sie sich selbst heilt, wenn sie krank ist, dass sie 25 Kinder mit einem einzigen Geburtstagskuchen zufrieden stellt, dass sie einen Achtjährigen dazu bringt, sich vor dem Frühstück die Hände zu waschen, dass sie einen Siebenjährigen überzeugt, dass Filzstifte nicht essbar sind und dass sie vermitteln kann, dass ich Füße zum Gehen und nicht zum Treten anderer Kinder geschaffen habe." Der Engel ging langsam um das Modell Lehrerin herum. „Zu weich", seufzte er. „Aber zäh!", sagte der liebe Gott. „Du glaubst gar nicht, was sie alles leisten und aushalten kann: 28 Stunden Unterricht in der Woche, Korrekturen, freiwillige Fortbildungen etc. und dazu ist sie noch eine gute Ehefrau, liebevolle Mutter und perfekte Hausfrau." „Kann sie auch denken?", fragte der Engel. „Nicht nur denken kann sie, sogar urteilen, beurteilen, Kompromisse schließen", antwortete der liebe Gott, „und vergessen."

Schließlich beugte sich der Engel vor und fuhr mit dem Finger über die Wange des Modells. „Da ist ja ein Leck", sagte der Engel. „Ich habe Euch ja gesagt, Ihr versucht zuviel in dieses Modell hineinzupacken." – „Das ist kein Leck", sagte der liebe Gott, „das ist eine Träne." „Wofür ist sie?" – „Sie fließt bei Freude, Trauer, Enttäuschung, Schmerz und Verlassenheit." Der liebe Gott blickte nun ganz versonnen und dachte daran, für welches Geld seine Lehrerin dies alles machen würde. Dann sagte er mitfühlend: „Die Träne ist das Überlaufventil." „Ihr seid ein Genie!", sagte der Engel voller Bewunderung.

(Quelle unbekannt)

Der perfekte Lehrer
(Homo docens perfectus)

Neuesten Entdeckungen zufolge soll der bisher als ausgestorben geltende Homo docens perfectus auf den Marianen, Salomonen und den Gesellschaftsinseln sowie in einigen Teilen Mitteleuropas noch durch vereinzelte Exemplare vertreten sein. Die exakte Bestimmung dieser Art gestaltet sich außerordentlich schwierig, da sie sich auf den ersten Blick kaum von der weit verbreiteten Spezies des Homo sapiens unterscheiden lässt. Um den interessierten Laien – wie etwa Schülern, Erziehungsberechtigten oder Lehrern – eine Hilfestellung bei der Erkennung von Vertretern dieser seltenen Art zu geben, werden nachfolgend einige wichtige Merkmale und typische Verhaltensmuster aufgeführt, wobei die Aufzählung natürlich keinen Anspruch auf absolute Vollständigkeit erheben kann.

Der Homo docens perfectus ist von der Konkurrenzfähigkeit (und Überlegenheit) seiner Schule gegenüber anderen Bildungseinrichtungen vollkommen überzeugt: „Lasst hundert Blumen blühen und hundert Schulen streiten – Die meinige wird den Sieg davontragen." (Selbst Mao würde bei dieser Überzeugung gelb vor Neid werden ...)

Seine angeborene Bescheidenheit verbietet es ihm, sich jemals wegen seiner Vorzüge selbst zu loben: „Wer Bescheidenheit lernen möchte, wird in mir den besten Lehrmeister finden. Sapientiae est modeste se gerere!" (Für Nicht-Lateiner: „Es ist ein Zeichen von Weisheit, sich bescheiden zu verhalten!")

Das Andenken an längst vergangene Zeiten hält er heilig. Statt des allseits beliebten Anfangs „Es war einmal ..." beginnen die Vorträge über seine Studienzeit meist mit der Einleitung „Als ich noch bei Professor X in Y studierte ...".

Sein gesamtes Verhalten und Auftreten zeichnet sich durch absolute Korrektheit aus. Aber obwohl er die (geographischen) Koordinaten des Schulgebäudes auf die Sekunde genau kennt, ist er selten pünktlich. Das bedeutet allerdings nicht, dass er an seiner Verspätung schuld wäre. Er wird meistens ein Opfer der Umstände. So nimmt ihn zum Beispiel eine wichtige Besprechung/Konferenz in Anspruch, die – wie es das Unglück oder der Zufall oder der Vorgesetzte will – just mit dem Beginn der Unterrichtsstunde zusammenfällt und nicht ohne weiteres abgebrochen werden kann. Im schlimmsten Falle ist eine übergeordnete Institution für sein temporales Missgeschick verantwortlich. Wird das Recht des Schülers auf Unterricht dabei in irgendeiner Weise tangiert, verlangt es das stark ausgeprägte Gerechtigkeitsgefühl des Homo docens perfectus, dass dieser Ausfall durch entsprechende Ausweitung der Schulstunde (z. B. in die Pause hinein) kompensiert wird. Es würde einer absoluten Verkennung seiner Persönlichkeit gleichkommen, wenn man behauptete, dass seine Benotung nach einem Willkür- oder Zufallsprinzip erfolgt. Sie unterliegt strengen Maßstäben und Regeln, die auf einer den Exoterikern verschlossenen Vorstellung von höchster Gerechtigkeit beruht.

Zuweilen unterlaufen auch dem perfekten Lehrer einige „kleine Dinge" (Es erweist sich als schwierig, hier adäquate Begrifflichkeiten zu finden!), die vorschnell urteilende Zeitgenossen als Fehler bezeichnen würden. Aber hier gilt der Grundsatz: „Das ist nicht falsch, sondern lediglich nicht ganz richtig." Viel wichtiger als die unpersönliche Präsentation des eindeutigen Endergebnisses einer Aufgabe ist das – wie es Karl Jaspers formulierte – „Auf dem Wege sein", auf dem Wege zur richtigen Lösung nämlich.

Der Homo docens perfectus ist ein erklärter Gegner aller schmückenden Beiworte und Freund klarer, unmissverständlicher Aussagen, die er, wie er selbst – aber ohne voreilig zu sein – zugibt, immer aus dem Stegreif, nicht aber durch rhetorische Ausbildung oder – was er wiederum schlichtweg ablehnt – gezieltes Einüben in einer – all seinen Kritikern zum Trotz – ebenso eloquenten, aber nicht ausufernden wie auch überzeugenden Art und Weise, die – was jeder, der ihm jemals unvoreingenommen zuhörte, auch bestätigen wird – sich nicht durch überflüssige Einschübe, die meist dem Verständnis eines Satzes, der über einen an sich gewichtigen Inhalt verfügt, abträglich sind, in Details verliert, vorträgt. Er ist ganz von der aristotelischen Philosophie beseelt. Stets wählt er die Mitte zwischen zwei Extremen (Prinzip der „aurea mediocritas", der goldenen Mitte).

Beispiel:
1. Extrem: Durchführung einer Hausaufgabenüberprüfung
       (Terminus technicus: „Zettelarbeit")
2. Extrem: Nicht-Durchführung derselben
3. Mittelweg (logische Konsequenz): „Wir schreiben heute eine kleine Zettelarbeit."
       (Pluralis majestatis)

Autoritäre Entscheidungen sind ihm fremd. Für ihn heißt es: Mehr Demokratie wagen und die Mitbestimmung fördern. Seinen Schülern lässt er stets die (unmittelbare, freie und gleiche) Wahl. Sie dürfen sich entweder für seinen Vorschlag entscheiden oder sie dürfen sich für seinen Vorschlag entscheiden.
Summa summarum: Der Homo docens perfectus ist der Archetyp des absolut neutralen und multitoleranten Kosmopoliten, der seine avantgardistischen Ambitionen in den Dienst der Allgemeinheit gestellt hat.
Sollten Sie in Ihrem Umfeld ein Exemplar dieser seltenen und wertvollen Spezies entdecken, empfiehlt sich eine behutsame und pflegliche Behandlung, damit ein Aussterben dieser nützlichen Art in unseren Breitengraden vielleicht doch noch verhindert werden kann.

„Honi soit qui mal y pense! –
Schande über den,
der schlecht darüber denkt!"

Aus einer Abi-Zeitung
(Gymnaium Birkenfeld)

Positives entdecken

Eigenverantwortung übernehmen

Ruhe bewahren

Soziales Verhalten praktizieren

Offenheit entwickeln

Ehrfurcht zeigen

Nein sagen können

Liebe leben

Individuelles entwickeln

Charakter entfalten

Hilfsbereitschaft vorleben

Konfliktfähigkeit einüben

Energie zünden

Identität erhalten

Teamfähigkeit anstreben

Wie ich bin

✕ = so sehe ich mich ○ = so sehen mich meine Schüler ☐ = so sehen mich meine Kollegen	1 = stimmt genau/7 = stimmt überhaupt nicht						
	1	**2**	**3**	**4**	**5**	**6**	**7**
selbstbewusst							
egoistisch							
lustig							
ängstlich							
herzlich							
lebenslustig							
einfühlsam							
sportlich							
cool							
scheu							
spontan							
neidisch							
höflich							
hilflos							
angeberisch							
beliebt							
schwach							
launisch							
optimistisch							
stur							
umgänglich							
zuverlässig							
kritisch							
ehrlich							
sparsam							

„Deumatik" oder „Fast ein Märchen"

Es war einmal ein Mann, der war Lehrer. Und weil das Nachdenken zu seinem Beruf gehörte, dachte er jeden Tag über viele Dinge nach. Manchmal dachte er auch über die Lehrpläne nach. Doch darüber konnte er nie einen Gedanken zu Ende bringen, denn bevor er einen Gedanken ausgedacht hatte, hatten sich die Lehrpläne schon wieder geändert. Und darum bereitete ihm das Nachdenken über die Lehrpläne große Schwierigkeiten. Manchmal dachte er aber auch über den Unterricht und über die Schüler nach. Diese Gedanken waren eigentlich nicht unangenehm. Nur musste er dann gleichzeitig an das Verhalten der Schüler denken, und dann verwarf er alle diese Gedanken sofort wieder.

Da er wusste, dass alle anderen Lehrer die gleichen Gedanken hatten wie er, befriedigte ihn das Denken über diese Dinge nicht mehr. Er wollte etwas anderes denken, etwas ganz Neues. Aber es fiel ihm nichts ein. Da dachte er daran, ein neues Wort zu denken. Er überlegte und grübelte und stellte die Buchstaben zu den absurdesten Wörtern zusammen. Aber keines gefiel ihm.

Eines Tages dachte er das Wort Deumatik. Es war ihm einfach so in den Sinn gekommen. Das Wort gefiel ihm. Er sprach es vor sich hin und es gefiel ihm immer mehr. Aber er wusste nicht, was es bedeutete. Es klang nach einem Prinzip oder einem Mechanismus. Er begann, mit dem Wort zu spielen und immer neue Wörter zu bilden: Deumatiker – Deumatismus – deumatisch – deumatisieren – Deumatologie – deumatologisch – Deumanie – deumanisch – Deumatographie – deumatographisch. Und der Mann, der Lehrer war, dachte, nun bin ich ein Deumatiker.

Von diesem Augenblick an verwendete er das Wort bei jeder Gelegenheit. Wenn sein Auto nicht sofort ansprang, fluchte er: „Verdammte Deumatik!" Und wenn er sich morgens nicht wohl fühlte, sagte er: „Mir geht es heute wieder furchtbar deumatisch." Oder wenn er sich über einen Artikel in der Zeitung ärgerte, schimpfte er: „Immer diese Deumatiker!" Aber das alles machte ihn auch nicht zufrieden. Er musste dem Wort einen Sinn geben.

Er dachte an seinen Beruf und überlegte, ob er nicht ein neues Lehr- oder Lernprinzip, eben die Deumatik, erfinden könne. Das war aber noch schwieriger als das Erfinden eines neuen Wortes. So nahm er irgendein Buch aus seinem Regal. Zufällig war es ein Lehrbuch der Mathematik. Er fing an, Wörter, die ihm besonders wichtig erschienen, durch sein neues Wort zu ersetzen. Schon die Veränderung des Buchtitels bereitete ihm Vergnügen: Deumatisches Denken im Mathematikunterricht. Nun änderte er ganze Sätze, so dass sie jetzt lauteten: Die ganze Mathematik ist ein System von Deumatismen. Die Deumatik ist nichts anderes als ein Handeln. Die deumatischen Übungen erfordern die Suche nach anderen Lösungswegen.

Der Mann war zufrieden. Er schrieb das Buch ab und setzte an den wichtigen Stellen und außerdem noch hier und da die Wörter Deumatik oder Deumatismus oder deumatisch ein. Als er damit fertig war, hatte er das Lehrbuch der Deumatik geschrieben.

Weiter gibt es nicht mehr viel zu erzählen: Das Buch wurde gedruckt, der Lehrplan wurde geändert, Deumatikfortbildungskurse wurden an den Schulen eingerichtet, und der Mathematikunterricht wurde revolutioniert – Verzeihung – deumatisiert.

Der Mann aber, der Lehrer war und der es gern hörte, wenn man ihn den Vater der Deumatik nannte, machte sich daran, eine Silphonik des Deutschunterrichts zu schreiben. Ein geeignetes Buch fand er in seinem Regal.

D. Putzierer

Die acht Todsünden der Lehrer

Ignoranz

Ihn interessiert es nicht, was sich alles im Laufe der Jahrzehnte geändert hat. Er macht sein Ding. Seine Methoden haben sich bewährt. Warum sich also ändern! Fort- und Weiterbildung ist für ihn ein Fremdwort. Was er einmal gelernt hat, gilt für immer. Neues ist keine Herausforderung, sondern eine Bedrohung.

Schaumschlägerei

Er weiß alles und kann alles. Und das kann er gut verkaufen, auch wenn meistens nur heiße Luft dahinter steckt. In allen Fachgebieten zählt er sich zu den Alleswissern. Manche nennen ihn auch einen Angeber.

Selbstbezogenheit

Der Egomane ist der Prototyp des ich-bezogenen Lehrers, der die Kollegen und deren Bedürfnisse ignoriert. Er hat immer Recht und redet bei Konferenzen alle an die Wand. Sein Motto: Was habe ich davon? Teamarbeit, Kooperation und Zusammenarbeit sind für ihn Fremdwörter, die in seinem pädagogischen und menschlichen Lexikon nicht vorkommen. Hauptsache ICH.

Karrieresucht

Der Typ des angepassten Schleimers, der nur ein Ziel kennt: den Weg nach oben. Und da kennt er viele Varianten des Denunziantentums und alle Mobbing-Methoden sind ihm vertraut. Er versteht es, die Schwächen der Mitkonkurrenten ins richtige Licht zu rücken.

Schmarotzertum

Er lebt auf Kosten anderer und zieht sich nach Möglichkeit aus jeglicher Verantwortung heraus. Er legt gezielt seine Grippe auf Montag, Freitag oder einige Tage vor Ferienbeginn. Er schöpft aus dem Materialfundus der Kollegen. Klassenarbeiten warten monatelang auf Korrektur und die Pausenaufsichten vergisst er geschickt.

Herrschsucht

Er ist unberechenbar. Wer es wagt, ihm zu widersprechen, hat mit den härtesten Konsequenzen zu rechnen: Zurückweisung und Disziplinierung. Wer ihm nicht widerspricht, hat gute Chancen, sein Freund zu werden.

Schleimerei

Er will geliebt werden und liefert so seinen Schülern die intimsten Geheimnisse der Lehrerschaft. Er braucht Bewunderung und Anerkennung. Und das um jeden Preis. Er will Beifall und benutzt den Klassenraum als Bühne, auf der er sich zelebriert.

Zynismus

Er ist enttäuscht und hat Angst. Seine Ideale gehören der Vergangenheit an und seine Macke aus Sarkasmus und Ironie soll seine Unsicherheit und Resignation überdecken.

(frei nach R. Winkel)

Versagende Lehrer? - Stuss!

Das Gerede über die „versagenden und faulen Lehrer" ist Stuss. Angeblich geht an den deutschen Schulen alles drunter und drüber, sie entlassen halbe Analphabeten, angefüllt mit dem Frust der 68er Lehrergeneration.

Es grenzt schon ans Absurde: Aus aller Herren Länder kommen Experten nach Deutschland, um die Geheimnisse des deutschen Bildungssystems zu studieren und besonders vom dualen System der Berufsausbildung zu lernen. Aber hier schlagen selbst ernannte Kritiker munter auf die Lehrer ein.

Wer das tut, kennt die Wirklichkeit dieses Landes nicht und stößt damit Lehrern vor den Kopf, die in den vergangenen Jahrzehnten hervorragende Arbeit geleistet haben.

Unser Unternehmen z. B. profitiert von ihren Leistungen: In zehn Jahren wuchsen wir von Null auf 1600 Mitarbeiter in 20 Standorten. Die meisten dieser Mitarbeiter wurden durch das deutsche Bildungssystem geprägt. Sie sind hervorragend ausgebildet, leistungsbereit und motiviert. Diese jungen Leute sind nicht nur gut - sie halten jedem internationalen Vergleich stand. All dies lässt das pauschale Gerede von den „versagenden Lehrern" als Seifenblase zerplatzen.

Auf einem völlig anderen Blatt stehen die Voraussetzungen für die Arbeit der Lehrer. Lehrer haben es heute mit Jugendlichen zu tun, die durch die widersprüchlichsten gesellschaftlichen Einflüsse geprägt sind. Von den Lehrern zu verlangen, dass sie alles ausbügeln, was woanders falsch gemacht wird, ist ein Unding.

Alle Gruppen und Institutionen unserer Gesellschaft müssen ihren eigenen Beitrag leisten, damit eine junge Generation heranwächst, die die Herausforderungen der Zukunft meistern kann. Dieses Land ist gut für Erfolg. Lasst uns machen.

(Quelle unbekannt)

Dienstbefreiung in bestimmten Fällen

§ 1 Krankheitsfall

Krankheit ist keine Entschuldigung. Auch ein Attest Ihres Arztes ist kein Beweis. Denn wenn sie in der Lage waren einen Arzt aufzusuchen, hätten Sie auch zur Arbeit kommen können!

§ 2 Todesfall in der Familie

Eine Dienstbefreiung wird nicht gewährt! Für den Verblichenen können Sie nichts mehr tun und jemand anders kann genau so gut wie Sie die notwendigen Maßnahmen treffen. Wenn Sie die Beerdigung auf den späten Nachmittag legen, geben wir Ihnen gerne eine halbe Stunde frei, vorausgesetzt Sie sind mit Ihrer Arbeit fertig.

§ 3 Eigener Todesfall

Hier dürfen Sie mit unserem Verständnis rechnen, wenn

a) Sie uns zwei Wochen vorher über Ihr Ableben informieren, damit wir rechtzeitig einen neuen Mitarbeiter einstellen können.

b) Sie spätestens bis 8 Uhr morgens anrufen, damit wir entsprechende Maßnahmen einleiten können.

c) Ihre und die Unterschrift des behandelnden Arztes und des Bestatters unter der Mitteilung, dass Sie verstorben sind, vorliegen.

Liegen die geforderten Unterschriften nicht vor, werden Ihnen die Fehlzeiten vom Jahresurlaub abgezogen.

§ 4 Operation

Chirurgische Eingriffe an unseren Mitarbeitern sind untersagt! Wir haben Sie so eingestellt wie Sie sind. Die Entfernung oder Veränderung eines Ihrer Teile verstößt gegen die vereinbarte Dienstvereinbarung.

§ 5 Silberne oder goldene Hochzeit

Für derartige Anlässe kann kein Sonderurlaub gewährt werden. Wenn Sie 25 oder gar 50 Jahre mit dem gleichen Menschen verheiratet sind, seien Sie froh, wenn Sie zur Arbeit gehen dürfen.

§ 6 Geburtstag

Dass Sie geboren wurden ist sicher nicht Ihr Verdienst. Darum sehen wir keinen Grund, Ihnen in solchen Fällen eine Freistellung zu gewähren.

§ 7 Geburt eines Kindes

Für derartige Fehltritte unserer Mitarbeiter ist natürlich kein Sonderurlaub vorgesehen. Sie hatten ja schon Ihren Spaß.

(Quelle unbekannt)

Lehrerbeurteilung soll vereinheitlicht werden

Eine bundesweit arbeitende „Kommission der Kultusministerkonferenz zur Erstellung einheitlicher Beurteilungstexte für Lehrer" hat ihr in vielen Sessionen erarbeitetes Ergebnis jetzt vorgelegt. Die neuen, einheitlichen Texte, auf deren Einführung alle Schulleiter und Lehrer sehnlichst warten, bringen endlich die immer wieder geforderte Objektivität und bestechen durch Klarheit und Kürze.
Sie sind gegliedert in sieben Leistungsmerkmale und je fünf Notenstufen. Wichtigste Neuerung aber ist die Art der Präsentation: Auf Wunsch erhalten die Schulen diese Texte als Textbausteine für verschiedene Textverarbeitungsprogramme. Auch für den seit einiger Zeit laufenden Schulversuch Ducks soll eine Version innerhalb der nächsten fünf Jahre lieferbar sein.
Die Schulen sollen dem Ministerium wegen der Kürze der Zeit schon jetzt melden, welche Textverarbeitungsprogramme eingeführt sind, damit die Auslieferung der Disketten pünktlich erfolgen kann.
Die folgenden Texte werden künftig bundeseinheitlich zur Verfügung stehen.

Merkmal / Prädikat	Arbeitsleistung	Belastbarkeit	Kommunikationsfähigkeit	Geistige Fähigkeiten	Wissen	Verhalten gegenüber Vorgesetzten	Verhalten gegenüber Kollegen
Entspricht den Anforderungen in besonderem Maße	reißt Bäume aus	erledigt alles gleichzeitig	spricht mit Gott und Ebenbürtigen	löst jedes Problem sofort	weiß alles am besten	Vorgesetzte macht er überflüssig	Kollegen hat er nicht
Entspricht voll den Anforderungen	reißt sich ein Bein aus	erledigt den Widersacher	spricht mit sich selbst und Vorgesetzten	löst Probleme mit einigem Nachdenken	weiß über alles Bescheid	Vorgesetzten öffnet er die Tür	Kollegen lässt er gern ins Messer laufen
Entspricht im Allgemeinen den Anforderungen	reißt sich zusammen	erledigt seine Arbeit sofort	spricht viel	löst meist die eigenen Probleme	weiß, was er falsch macht	Vorgesetzte grüßt er fröhlich	Kollegen grüßt er korrekt mit „Mahlzeit"
Entspricht im ganzen noch den Anforderungen	reißt keinen vom Hocker	erledigt selten etwas	spricht gern über andere	löst gern ein Kreuzworträtsel	weiß, wann Feierabend ist	Vorgesetzte fragt er nach der Uhrzeit	Kollegen mag er weniger als Kolleginnen
Entspricht nicht den Anforderungen	reißt vor der Arbeit aus	erledigt ist er schnell	spricht guten Getränken zu	löst Probleme aus	weiß, wo gerade gefeiert wird	Vorgesetzten nimmt er den reservierten Parkplatz weg	Kollegen hält er von der Arbeit ab

(Quelle unbekannt)

Die dienstliche Beurteilung von 1817 …

… ordnet die Regierung in Koblenz im gleichen Jahre an, daß der Pfarrer Horstmann in Hausen den Johann Peter Jacobi von Kappeln schriftlich und mündlich zu prüfen habe. Hierüber sandte der Pfarrer Horstmann folgendes Protokoll und folgende schriftliche Probearbeit an die Regierung:

Gemäß dem Auftrage eines königlichen hochlöblichen Consistoriums des Großherzogentums Niederrhein vom 30. Juni dieses Jahres, der dem Unterzeichneten am 18. dieses Monats zugegangen ist: die mündliche und schriftliche Prüfung des Schulkandidaten J. Peter Jacobi von Cappel vorzunehmen …

Besagter P. Jacobi ward geprüft:
Im Lesen – über die Einteilung der Buchstaben, die er richtig anzugeben wußte – über die Methode, wie er dieselbe die Kinder lernen lasse, sie im Buchstabieren und Lesen unterrichte, wobei er nach der alten Schulmethode verführet, jedoch mit Überlegung, und auf richtige und deutliche Aussprache siehet. – Ebenso ward er befraget: über die Abteilungszeichen, deren Benennung und Bedeutung, die er richtig angegeben hat. Zugleich ward ihm einiges zum Lesen aufgegeben, das er richtig, mit Fertigkeit und gehöriger Tonsetzung gelesen hat.
Derselbe ward geprüfet: über seine Geschicklichkeit auf der biblischen Geschichte, für Kinder passende Jahre herzuleiten, sowie auch im katechisieren, wobei er guten Willen und einige Fertigkeiten zeigte, jedoch nach der Leitung eines ihm vorgesetzten Pfarrers und fernerer Übung bedarf.

Ebenso ward er befragt:
Im Schreiben – über die Haltung der Feder, die Lage des Körpers, die Stellung der Buchstaben, ihre Entfernung, Höhe und Tiefe – worüber er durchgehendes richtige Grundsätze äußerte.
Desgleichen über das richtige Schreiben, worüber er die meisten Regeln befriedigend anzugeben wußte.
Auch im Rechnen wurden geprüft, und ihm mehrere Aufgaben nach den gewöhnlichen Rechnungsarten gegeben, die er mit ziemlicher Fertigkeit gelöst hat.
Musik, erklärte derselbe nicht erlernt zu haben, bediene sich aber gegenwärtig darei des Unterrichtes eines benachbarten Schullehrers, und werde sich beeifern, das hierbei Versäumte noch nachzubringen. Im Kirchgesang sei er geübet, den er auch bisher in Gehlweiler bei Beerdigungen geführt habe.

Also geschehen Hausen, 30. July 1817 gez.: Horstmann, Pfarrer

(aus der Chronik der evangelischen Volksschule, Gehlweiler)

Gebühren für Lehrerleistungen

Die Einführung der leistungsbezogenen Elemente der Besoldung lässt weiterhin auf sich warten. Daraufhin hat der Verband der Lehrer an Berufsbildenden Schulen (vlbs) in Rheinland-Pfalz jetzt in einem weiteren Schreiben ans Bildungsministerium reagiert. Darin fordert der vlbs die sofortige Einführung von Gebühren für besondere Leistungen der Lehrer an berufsbildenden Schulen und hat zur Beschleunigung des Verfahrens auch eine entsprechende Gebührenordnung GOL B vorgelegt:

GOL B Nr.	Beschreibung	Betrag* €
10	Eingehende Begutachtung eines Schülers von Kopf bis Fuß	€ 15,30
11	Eingehende Betrachtung eines Schülers mit Kommentar	€ 25,30
12	Beratung – auch mittels elektronischer Kommunikation (Chat)	€ 35,60
13	intensive Beratung – t › 60 min	€ 24,50
14	intensive Beratung außerhalb der Unterrichtszeit – t ‹ 60 min	€ 36,80
15	intensive Beratung außerhalb der Unterrichtszeit – t › 60 min	€ 62,60
20	Begrüßung je Schüler	€ 0,30
21	freundliche Begrüßung je Schüler	€ 0,45
22	Hausaufgaben nachsehen je Schüler	€ 3,70
23	Hausaufgaben nachsehen mit Kommentar je Schüler	€ 6,30
30	Vorbereitung eines Tests	€ 15,00
31	Vorbereitung einer Klassenarbeit	€ 45,00
32	Vorbereitung einer Abschlussprüfung	€ 65,00
33	Korrektur eines Tests je Schüler	€ 1,00
34	Korrektur einer Klassenarbeit je Schüler	€ 3,00
35	Korrektur einer Prüfungsaufgabe je Schüler	€ 4,50
40	Ermahnung eines Schülers	€ 4,50
41	Eintrag ins Klassenbuch	€ 6,00
42	Einleitung einer weitergehenden Ordnungsmaßnahme	€ 15,50
43	Schriftliche Benachrichtigung des Betriebs und der Eltern	€ 31,50
50	Teilnahme an einer Abstimmungskonferenz mit Betrieben	€ 75,00
51	Leitung einer Kooperationskonferenz	€ 120,00
52	Beratung eines Kooperationspartners	€ 42,50
53	Organisation einer Betriebsbesichtigung	€ 84,00
54	Teilnahme an einer Exkursion des dualen Partners je Tag	€ 240,00

* In besonders schwierigen und zeitaufwändigen Fällen ist eine Gebührenerhöhung bis um das 2,3fache möglich; die Erhöhung ist zu begründen.
Die Gebühren werden durch die Berufsschullehrer-Abrechnung Trier – eine Tochtergesellschaft der CTT Trier – abgerechnet. Gebührenpflichtig sind in den Fällen 10 bis 43 die Schülerinnen und Schüler, in den Fällen 50 bis 54 die jeweiligen Kooperationspartner (Betriebe, Innungen, Fachverbände).

Anekdoten und Sprüche rund um den Schulalltag

Eignungsprüfung

Lehrer-Azubis haben es manchmal schwer. Nach einem erfolgreichen Studium, das sie fachlich gut qualifiziert hat, folgt plötzlich der Praxisschock. Es wird ihnen auf einmal klar, dass sie es nicht nur mit Unterrichtsstoff, sondern auch mit Kindern und Jugendlichen zu tun haben. So erging es einem jungen Kollegen. In einer seiner ersten Unterrichtsversuche steht plötzlich ein Schüler auf, geht zum Lehrerpult und entleert die Lehrermappe auf dem Tisch. Der Junglehrer rastet aus und brüllt den Schüler an. Die Schüler lachen ihn aus. Er wird immer wilder und flieht aus dem Klassenraum. Nach einigen Wochen wirft er das Handtuch. Ich unterhalte mich mit der Klasse über den Vorfall und versuche zu verdeutlichen, welche Konsequenzen das Geschehen hat. Die Schüler sind sich einig: Test nicht bestanden. Der ist für den Job nicht geeignet.

Glückliche Lehrer haben glückliche Schüler

Ich flaniere mit einem Kollegen durch die Schulgänge in Richtung Klassenraum. Er klagt bitterlich über seine Schüler und deren unverschämtes Verhalten. Sein Kopf läuft rot an und scheint kurz vor einer Explosion zu stehen. Ich bleibe stehen und blicke ihn an. „Glückliche Lehrer haben glückliche Schüler!" Mir war nach diesem Satz zumute. Er wird ruhig und geht nachdenklich weiter. Seit dieser Zeit glaube ich gelegentlich ein zufriedenes Lächeln in seinem Gesicht zu entdecken.

Neue Medien

Was sind eigentlich neue Medien? Für so manchen Pädagogen, der nur seine Kreide, die Tafel und den Overhead-Projektor kennt, sind die neuen technischen Entwicklungen zur Informationserfassung, -bearbeitung und -speicherung ein Albtraum. Und so wagt er sich nur zögerlich an die neuartigen Apparate. Manchmal sind die Schüler die Experten, vor allem in Sachen Medienkompetenz.
Auch als Lehrer kann man noch viel lernen.

Ein geiler Job

Als Religionslehrer an einer Berufsschule habe ich natürlich einen tollen und beneidenswerten Beruf. Das erkennen auch meine Schüler. Verwundert und vielleicht auch ein wenig neidisch blickt mich eine Schülerin am Ende einer Unterrichtsstunde an. „Sie haben einen echt geilen Job. Sie kommen immer gut gelaunt in unsere Klasse, unterhalten sich mit uns über Sinn und Unsinn des Lebens und gehen dann wieder." „Du hast recht", sage ich und verlasse den Klassenraum.

Ein Hauptzug der Pädagogik: Unbemerkt führen.

Montag Morgen geht es uns wie Robinson: wir freuen uns auf Freitag.

Was haben Lehrer und Wolken gemeinsam? Wenn sie sich verziehen, wird es ein schöner Tag.

Wir sollten uns weniger bemühen, den Weg für unsere Kinder vorzubereiten, als unsere Kinder für den Weg.

Der dümmste Lehrer kennt mehr Fragen als der klügste Schüler Antworten.

Showmaster oder was?

Schnell kann ein Lehrer in eine Identitätskrise geraten, wenn er sich die Frage stellt: Was bin ich eigentlich? Wissensvermittler, Überlebenskünstler, Respektsperson, Coach, Lebensbegleiter, Moderator, Spezialist, Schauspieler, Sozialpädagoge, Beurteiler, Aussortierer, Autoritätsperson, Alleinunterhalter, Alleswisser, Kumpel, Klassenclown, Lernhelfer, Erzieher, Helfer, Fachmann, Tröster, Elternersatz, Einzelkämpfer, Löwenbändiger, Vertrauter, Lebensberater, Freund, Animateur, Showmaster, Vorbild, Bildungspolitische Verfügungsmasse, Alleskönner, Pauker, Angstmacher, Konfliktschlichter, Macher, Verdränger?! Wow, wenn das Finanzamt das wüsste!

... in unserer Schule

Unsere Schule als Haus des Lernens

Stellen Sie sich vor, Sie sind Architekt dieses Hauses. Entwerfen Sie einen Plan!
Wie würde das Haus aussehen? Was ist das Fundament und was das Dach?
Wer wohnt alles in diesem Haus? Wer wohnt wo?
Welche Hausordnung gibt es? Wer ist für was zuständig? ...

Erich Kästner:
Ansprache zu Schulbeginn

Liebe Kinder,

da sitzt ihr nun, alphabetisch oder nach der Größe sortiert, zum ersten Mal auf diesen harten Bänken, und hoffentlich liegt es nur an der Jahreszeit, wenn ihr mich an braune und blonde, zum Dörren aufgefädelte Steinpilze erinnert. Statt an Glückspilze, wie sich's eigentlich gehörte. Manche von euch rutschen unruhig hin und her, als säßen sie auf Herdplatten. Andre hocken wie angeleimt auf ihren Plätzen. Einige kichern blöde, und der Rotkopf in der dritten Reihe starrt, Gänsehaut im Blick, auf die schwarze Wandtafel, als sähe er in eine sehr düstere Zukunft.

Euch ist bänglich zumute, und man kann nicht sagen, dass euer Instinkt trüge. Eure Stunde X hat geschlagen. Die Familie gibt euch zögernd her und weiht euch dem Staate. Das Leben nach der Uhr beginnt, und es wird erst mit dem Leben selbst aufhören. Das aus Ziffern und Paragraphen, Rangordnung und Stundenplan eng und enger sich spinnende Netz umgarnt nun auch euch. Seit ihr hier sitzt, gehört ihr zu einer bestimmten Klasse. Noch dazu zur untersten. Der Klassenkampf und die Jahre der Prüfungen stehen bevor. Früchtchen seid ihr, und Spalierobst sollt ihr werden!

Aufgeweckt wart ihr bis heute, und einwecken wird man euch ab morgen! So, wie man's mit uns getan hat. Vom Baum des Lebens in die Konservenfabrik der Zivilisation – das ist der Weg, der vor euch liegt. Kein Wunder, dass eure Verlegenheit größer ist als eure Neugierde. Hat es den geringsten Sinn, euch auf einen solchen Weg Ratschläge mitzugeben? Ratschläge noch dazu von einem Manne, der, da half kein Sträuben, genauso „nach Büchse" schmeckt wie andre Leute auch? Lasst es ihn immerhin versuchen und haltet ihm zugute, dass er nie vergessen hat noch je vergessen wird, wie eigen ihm zumute war, als er selber zum ersten Mal in der Schule saß. Und wie es ihm damals das Herz abdrückte. Damit wären wir auch schon beim wichtigsten Rat angelangt, den ihr euch einprägen und einhämmern solltet:

Lasst euch eure Kindheit nicht austreiben! Schaut, die meisten Menschen legen ihre Kindheit ab wie einen alten Hut. Sie vergessen sie wie eine Telefonnummer, die nicht mehr gilt. Ihr Leben kommt ihnen vor wie eine Dauerwurst, die sie allmählich aufessen, und was gegessen worden ist, existiert nicht mehr. Man nötigt euch in der Schule eifrig von der Unter- über die Mittel- zur Oberstufe. Wenn ihr schließlich droben steht und balanciert, sägt man die „überflüssig" gewordenen Stufen hinter euch ab, und nun könnt ihr nicht mehr zurück! Aber müsste man nicht in seinem Leben treppauf und treppab gehen können? Was soll die schöne erste Etage ohne den Keller mit den duftenden Obstborden und ohne das Erdgeschoss mit der knarrenden Haustür und der scheppernden Klingel? Haltet den Katheder weder für einen Thron noch für eine Kanzel! Der Lehrer sitzt deshalb nicht höher, damit ihr ihn anbetet, sondern damit ihr einander besser sehen könnt. Der Lehrer ist kein Schulwebel und kein lieber Gott. Er weiß nicht alles, und er kann nicht alles wissen. Wenn er trotzdem allwissend tut, so seht es ihm nach, aber glaubt es ihm nicht! Und noch eins: Der Lehrer ist kein Zauberkünstler, sondern ein Gärtner. Er kann und wird euch hegen und pflegen. Wachsen müsst ihr selber!

Nehmt auf diejenigen Rücksicht, die auf euch Rücksicht nehmen! Das klingt selbstverständlicher, als es ist. Und zuweilen ist es furchtbar schwer.

Seid nicht zu fleißig! Bei diesem Ratschlag müssen die Faulen weghören. Er gilt nur für die Fleißigen, aber für sie ist er sehr wichtig. Das Leben besteht nicht nur aus Schularbeiten. Der Mensch soll lernen, nur die Ochsen büffeln. Ich spreche aus Erfahrung. Ich war als kleiner Junge auf dem besten Wege, ein Ochse zu werden. Dass ich's trotzdem nicht geworden bin, wundert mich heute noch. Der Kopf ist nicht der einzige Körperteil. Wer das Gegenteil behauptet, lügt.

Lacht die Dummen nicht aus! Sie sind nicht aus freien Stücken dumm und nicht zu eurem Vergnügen. Und prügelt keinen, der kleiner und schwächer ist als ihr! Wem das ohne nähere Erklärung nicht einleuchtet, mit dem möchte ich nichts zu tun haben.

Misstraut gelegentlich euren Schulbüchern! Sie sind nicht auf dem Berge Sinai entstanden, meistens nicht einmal auf verständige Art und Weise, sondern aus alten Schulbüchern, die aus alten Schulbüchern entstanden sind, die aus alten Schulbüchern entstanden sind. Man nennt das Tradition.

Glaubt auch den Geschichten nicht, worin der Mensch in einem fort gut ist und der wackre Held vierundzwanzig Stunden am Tag tapfer! Glaubt und lernt das bitte nicht, sonst werdet ihr euch, wenn ihr später in das Leben hineintretet, außerordentlich wundern.

Da sitzt ihr nun, alphabetisch oder nach der Größe geordnet, und wollt nach Hause gehen. Geht heim, liebe Kinder! Wenn ihr etwas nicht verstanden haben solltet, fragt eure Eltern, und, liebe Eltern, wenn Sie etwas nicht verstanden haben sollten, fragen Sie ihre Kinder!

(Text leicht gekürzt)

Sich in der Schule wohl fühlen

Als Gesundheit wird laut der Weltgesundheitsorganisation (WHO) der Zustand körperlichen, seelischen und sozialen Wohlbefindens bezeichnet. Das Schulklima kann viel dazu beitragen, ob ich mich gut oder schlecht fühle. Es fördert und verhindert Gesundheit.

Was ist für Sie wichtig, damit Sie sich in der Schule wohl fühlen?
Was ist schon verwirklicht?
Was könnte besser werden?

Schule als Lern- und Lebensraum

männlich ☐   weiblich ☐   Alter: _____   Klasse: _____

(1 = sehr gut / 7 = sehr schlecht)

1. Wie fühlst du dich in dieser Schule?
   1 2 3 4 5 6 7

2. Wie bewertest du die Fachkompetenz deiner Lehrer?
   1 2 3 4 5 6 7

3. Wie sehr interessieren sich deine Lehrer nicht nur für deine Leistungen, sondern auch für dich und dein Leben?
   1 2 3 4 5 6 7

4. Wenn du an die Schule denkst:
   Worauf freust du dich? _____ _____
   Wovor hast du Angst? _____ _____

5. Welche Unterrichtsform spricht dich am meisten an?
   Frontalunterricht ☐   Gruppenarbeit ☐   Projektarbeit ☐

6. Wie empfindest du die Leistungsanforderungen, die an dich gestellt werden?
   zu hoch ☐   genau richtig ☐   zu niedrig ☐

7. Sollte das Schulgebäude/dein Klassenraum anders gestaltet werden?
   ja ☐   nein ☐   ist mir egal ☐

8. Würdest du in deiner Freizeit Zeit für die Gestaltung des Schulgebäudes/ deines Klassenzimmers investieren?
   ja ☐   nein ☐   ist mir egal ☐

9. Womit würdest du diese Schule vergleichen?
   Baustelle ☐   Friedhof ☐   Gefängnis ☐   Kasernenhof ☐   Disco ☐
   Paradies ☐   Schlafzimmer ☐   Wohnzimmer ☐   _____ ☐

10. Erlebst du deine Klasse als Gemeinschaft?
    ja ☐   nein ☐   ist mir egal ☐

11. Was sollte sich an dieser Schule ändern? Was wünschst du dir?
    _____
    _____

Der Umgang aller am Schulleben Beteiligten soll verbessert werden

Mit einem Schreiben hat ein Kultusministerium das Anhörungsverfahren über den geplanten Grußerlass in Gang gesetzt. Das Schreiben (Az.: 947-11, TgB-Nr. 17 143) stellt den Wortlaut des Erlasses folgendermaßen dar:

1. Vorbemerkung

1.1. In Ermangelung einheitlicher Regelungen bisher sind die innerschulischen Grußgewohnheiten völlig dem Zufall überlassen.

1.2. Dies führt zwangsläufig immer wieder zu Missverständnissen und Spannungen zwischen Kollegen wie auch zwischen Schülern und Lehrern, aber auch Jüngeren und Älteren.

1.3. Um diesem Missstand abzuhelfen, wurde von einem eigens dazu berufenen arbeitspsychologischen und arbeitspädagogischen Arbeitskreis, unterstützt durch den schulpsychologischen Dienst, eine innerschulische Grußform entwickelt, die am 1. April d. J. in Kraft treten soll.

2. Grußrecht und Grußpflicht

2.1. Grußrecht genießen grundsätzlich Vorgesetzte gegenüber Mitarbeitern. Ebenso gilt dies für Lehrer gegenüber Schülern. Zu den Lehrern zählen in diesem Fall auch Angestellte, nebenamtliche und nebenberufliche Lehrkräfte sowie Referendare. Bei schulisch Gleichgestellten grüßt der zuerst Ankommende.

2.2. Gehaltsgruppen spielen bei der Grußpflicht keine Rolle.

2.3. Dem Wortsinn entsprechend kann das Grußrecht ausgeübt werden, muss aber nicht. Der Grußberechtigte grüßt anders als der Grußpflichtige, und zwar abgestuft durch

a) Kopfnicken

b) einen mündlichen Gruß

2.4. Der Grußpflichtige grüßt grundsätzlich, es sei denn, der Grußberechtigte gibt dem Grußpflichtigen zu verstehen, dass sich ein Gruß erübrigt.

2.5. Der Grußpflichtige hat in der Regel die Tageszeit zu entbieten:
bis zur großen Pause: „Guten Morgen"; nach der großen Pause: „Guten Tag";
am Nachmittag: „Guten Tag"; bei Schulschluss: „Auf Wiedersehen".

2.6. Erwidert ein Grußberechtigter den Gruß eines Grußpflichtigen nicht, so entbindet dies den Grußpflichtigen nicht davon, bei abermaligem Begegnen den Grußberechtigten erneut zu grüßen.

2.7. Begegnet ein Grußpflichtiger einem Grußberechtigten, der sich in Begleitung eines Dritten befindet, gegenüber dem der Grußpflichtige grußpflichtig ist, so grüßt der

Grußpflichtige den Grußberechtigten mit der Entbietung der Tageszeit und der Hinzufügung des Namens des Grußberechtigten. Dadurch wird vermieden, dass der Grußpflichtige einen Dritten zu grüßen gezwungen ist, der ihm gegenüber grußpflichtig ist.

3. Die Grußpflicht Besuchern (wie Eltern, Mitarbeiter des Schulträgers u. a.) gegenüber wird in einem besonderen Erlass geregelt.

4. Schüler der Fachschule, der Fachoberschule, der höheren Berufsfachschule und der Mainzer Studienstufe werden ab dem 2. Halbjahr der Klasse 12 bzw. dem jeweils letzten Schulhalbjahr des Bildungsganges von der Grußpflicht entbunden.

5. Entgegenstehende Rundschreibens des Kultusministeriums und aller nachgeordneten Dienststellen werden mit dem Inkrafttreten dieses Erlasses aufgehoben. Dies gilt auch für entsprechende Bestimmungen bestehender Hausordnungen.

(Quelle unbekannt)

Das Abc der guten Schule

Eine **A**tmosphäre der **A**chtung, der **A**nerkennung und der **A**kzeptanz **a**ufbauen ...

Die **B**edürfnisse aller **B**eteiligten in all ihrer **B**esonderheit **b**eachten ...

Jedem **C**harakter sein **C**harisma zuerkennen ...

Zum **D**urchblick **d**rängen ...

Zu **e**rnsthaften **E**insichten **e**inladen ...

Sich **f**ehler**f**reundlich verhalten ...

Gelingende **G**emeinsamkeit **g**enießen ...

Zum **H**elfen **h**erausfordern ...

Immer wieder **I**nitiativen **i**nitiieren ...

JA-Sagern entgegentreten, NEIN-Sagern Alternativen anbieten ...

Zu einem **K**lima der **K**ooperation beitragen und **K**onfrontationen **k**ooperativ **k**ontern ...

Auf die **L**ust am **L**eisten Wert **l**egen und das **L**oben **l**ieben ...

Mitmenschlichkeit **m**ehren ...

Der **N**ähe zur **N**achbarschaft **n**achspüren ...

Auf **O**ffenheit hin **o**rientieren ...

Perspektiven **p**lanen ...

Sich mit der **Q**ualität des **Q**uerdenkens **q**uälen ...

Räume für **R**uhe schaffen ...

Nach **S**inn und auch nach **S**inneslust immer wieder **S**uchen ...

Den **T**ag leben und das **T**agwerk prüfen ...

Unterschiede **u**nterstützen und über **U**nvollkommenheiten nicht **u**nzufrieden sein ...

Verantwortung **V**orleben ...

Wahrhaftigkeit **w**agen, **W**idersprüchen **W**idersprechen ...

Sich in **XX** und **XY** einfühlen, die Verschiedenheiten gemeinsam genießen und sie miteinander versöhnen ...

Zufriedenheit **z**eigen und **Z**uversicht immer wieder **z**utrauen und **Z**umuten ...

O. Herz

12 Regeln für das Haifischbecken

Liebe Abiturientinnen und Abiturienten, liebe Eltern und Schüler, liebes Lehrerkollegium, sehr geehrter Herr Andersen:

Um in diesem Haifischbecken zwischen Lehrerzimmer und Klassenraum erfolgreich zu überleben, ohne viel Aufwand zu betreiben, ist die Kenntnis der eigenen Persönlichkeitsstruktur und das Wissen um einige Grundregeln ein absolutes Muss. Nach neun Jahren am Christianeum bin ich zu folgenden Ergebnissen gekommen: 1) Suche dir ein möglichst erfolgversprechendes und repräsentatives Hobby wie z. B. eine Band, eine Zeitung oder ein Schauspielprojekt. Wann immer dich die Lehrer mit ihren Forderungen belästigen, schaue genervt in den Himmel, murmele: „Wenn Sie wüssten, was ich für einen Stress hatte gestern Nacht bei der Bandprobe!" Gib den Lehrern so das Gefühl, sich für ihre profanen Forderungen wie Hausaufgaben schämen zu müssen. Das Hobby darf nicht imaginär sein, hin und wieder müssen Ergebnisse dieser Arbeit präsentiert werden.   2) Erfinde ein langwieriges Leiden und/oder familiäre Probleme.   3) Wähle einen der beiden Oberstufenkoordinatoren als Tutor. Sind dir regelmäßige Tutoren-Treffen zu anstrengend, mache mindestens einen von ihnen zu deinem besten Freund.   4) Sorge für eine starke Lobby im Lehrerzimmer. Im Klartext: Verdirb es dir nicht mit allen Lehrern gleichzeitig.   5) Bedingungsloses Schleimen wirkt sich oft negativ auf die Geberlaune der Lehrer aus. Das richtige Quantum an zickigen Frechheiten lässt kleine Nettigkeiten gleich viel ehrlicher wirken.   6) Sorge dafür, dass Gruppengeschenke immer von dir übergeben werden.   7) Du brauchst nicht immer zur Schule kommen. Viel wichtiger ist, auf dich aufmerksam zu machen, wenn du mal da bist.   8) Ein Lächeln kostet nichts.   9) Hole immer die Kreide und wische unaufgefordert die Tafel. Das macht zwar keinen Spaß, lässt dich aber gleich viel netter aussehen.   10) Ein freiwilliges Referat wirkt Wunder: Es entbindet dich praktisch von allen weiteren Hausaufgaben und kann bei der Notenbesprechung intensiv ausgeweidet werden.   11) Denk dran: Zehn Punkte sind fast immer drin. Schäme dich nicht, bei der Notenbesprechung zu brüllen, zu keifen oder in Tränen auszubrechen. Habe keine falsche Scham, die Leistungen deiner Mitschüler in den Dreck zu ziehen. Sätze wie „Wenn der und der mündlich zehn Punkte kriegt, habe ich ja wohl mindestens zwölf verdient" sind in Ordnung. Vielleicht trifft das nicht auf die ungeteilte Gegenliebe deiner Mitschüler, aber vergiss niemals: Die beruhigen sich schon wieder und wahre Freunde sehen über so etwas hinweg. Deine Note hingegen zählt im Abitur.   12) Man kann nie genügend Elternteile im Elternrat haben. Doch all diese Bemühungen sind völlig umsonst, ja geradezu katastrophal, wenn sie nicht mit dem erforderlichen Nachdruck vorgetragen werden. Es ist wichtig zu wissen, wie weit man gehen darf und wann man seine Forderungen einstellen muss. Beherrscht man die Fähigkeit des Punkte-Schnorrens in all seinen facettenreichen Möglichkeiten, dann ist das ein erfolgversprechender Einstieg in die Spaß- und Leistungsgesellschaft, in der wir leben.

H. Kurth

Die Schule im Wandel der Zeit

Hauptschule 1960:

Ein Bauer verkauft einen Sack Kartoffeln für DM 50,00. Die Erzeugerkosten betragen DM 40,00.
Berechne den Gewinn.

Realschule 1970:

Ein Bauer verkauft einen Sack Kartoffeln für DM 50,00. Die Erzeugerkosten betragen 4/5 des Erlöses.
Wie hoch ist der Gewinn des Bauern?

Gymnasium 1980:

Ein Agrarökonom verkauft eine Menge subterraler Feldfrüchte für eine Menge Geld (G). G hat die Mächtigkeit 50. Für die Elemente g aus G gilt g = DM 1,00. Die Menge der Herstellerkosten (H) ist um zehn Elemente weniger mächtig als die Menge G. Zeichne ein Bild der Menge H als Teilmenge von G und gebe die Lösungsmenge L für die Frage an: Wie hoch ist die Gewinnmenge?

Integrierte Gesamtschule oder Waldorf-Schule 1990:

Ein Bauer verkauft einen Sack Kartoffeln für DM 50,00. Die Erzeugerkosten betragen DM 40,00. Der Gewinn beträgt DM 10,00.
Aufgabe: Unterstreiche das Wort Kartoffeln und diskutiere mit deinem Nachbarn darüber.

Schule 2000 nach der Rechtschreib- und Bildungsreform:

Ein kappitalistisch priffiligirter bauer bereichert sich one rechtfertigung an ein sakk Kartoffeln um euro 10. Untersuch das tekst auf inhaldliche feler, korrigire das aufgabenstellunk fon dein leerer und demonstrire gegen das lösunk.

Im Jahre 2010:

Es gipt keine gartofeln mer, nur noch pom friz bei mäk donalt.

(Quelle unbekannt)

Max und Moritz

Eine Bubengeschichte in Sieben Streichen

von Wilhelm Busch

Vierter Streich

Also lautet ein Beschluß,
Daß der Mensch was lernen muß.
Nicht allein das A-B-C
Bringt den Menschen in die Höh';
Nicht allein in Schreiben, Lesen
Übt sich ein vernünftig Wesen;
Nicht allein in Rechnungssachen
Soll der Mensch sich Mühe machen,
Sondern auch der Weisheit Lehren
Muß man mit Vergnügen hören.

Daß dies mit Verstand geschah,
War Herr Lehrer Lämpel da.

Max und Moritz, diese beiden,
Mochten ihn darum nicht leiden;
Denn wer böse Streiche macht,
Gibt nicht auf den Lehrer acht.

Nun war dieser brave Lehrer
Von dem Tobak ein Verehrer,
Was man ohne alle Frage
Nach des Tages Müh und Plage
Einem guten, alten Mann
Auch von Herzen gönnen kann.

Max und Moritz, unverdrossen,
Sinnen aber schon auf Possen,
Ob vermittelst seiner Pfeifen
Dieser Mann nicht anzugreifen.

Einstens, als es Sonntag wieder
Und Herr Lämpel, brav und bieder,
In der Kirche mit Gefühle
Saß vor seinem Orgelspiele,
Schlichen sich die bösen Buben
In sein Haus und seine Stuben,
Wo die Meerschaumpfeife stand;
Max hält sie in seiner Hand;

Aber Moritz aus der Tasche
Zieht die Flintenpulverflasche,
Und geschwinde, stopf, stopf, stopf!
Pulver in den Pfeifenkopf. –
Jetzt nur still und schnell nach Haus,
Denn schon ist die Kirche aus. –

Eben schließt in sanfter Ruh'
Lämpel seine Kirche zu;
Und mit Buch und Notenheften
Nach besorgten Amtsgeschäften

„Ach!" – spricht er – „die größte Freud'
Ist doch die Zufriedenheit!!"

Lenkt er freudig seine Schritte
Zu der heimatlichen Hütte,

Rums!! – Da geht die Pfeife los
Mit Getöse, schrecklich groß.
Kaffeetopf und Wasserglas,
Tobaksdose, Tintenfaß,
Ofen, Tisch und Sorgensitz –
Alles fliegt im Pulverblitz –

Und voll Dankbarkeit sodann
Zündet er sein Pfeifchen an.

Als der Dampf sich nun erhob,
Sieht man Lämpel, der gottlob
Lebend auf dem Rücken liegt;
Doch er hat was abgekriegt.

Nase, Hand, Gesicht und Ohren
Sind so schwarz als wie die Mohren
Und des Haares letzter Schopf
Ist verbrannt bis auf den Kopf.

Wer soll nun die Kinder lehren
Und die Wissenschaft vermehren?
Wer soll nun für Lämpel leiten
Seine Amtestätigkeiten?
Woraus soll der Lehrer rauchen,
Wenn die Pfeife nicht zu brauchen?

Mit der Zeit wird alles heil,
Nur die Pfeife hat ihr Teil.

Dieses war der vierte Streich,
Doch der fünfte folgt sogleich.

Wer sich die Musik erkiekst

Unsere Kinder lernen in der Schule immer noch nicht das, was sie im Leben brauchen. Am Elternsprechtag sammelte Kläre Neumann daher vor dem Beethovengymnasium Unterschriften für ihre Forderung, in Zukunft nicht mehr Englisch als erste Fremdsprache zu unterrichten, sondern die Zeichensprache. Viele leidgeprüfte Väter und Mütter unterschrieben. Hochzufrieden fuhr Frau Neumann am Nachmittag nach Hause. Dort öffnete sie die Tür zu Lukas' Zimmer, führte die linke Hand dreimal in einer schaufelnden Bewegung zum Mund und zeigte dem Jungen dreimal ihre geöffneten Hände. Lukas verstand: Das Abendessen würde es in dreißig Minuten geben. Der Fünfzehnjährige übte gerade Klarinette, während der Fernseher lief und seine HiFi-Anlage mit ihrem satten Sound jeden Winkel des Arbeitszimmers füllte.

Er liebte HipHop, Jungle, Funk und Techno nun mal so sehr, dass er nicht einmal dann auf sie verzichten konnte, wenn er selbst musizierte. Ohne Musik war Lukas ein Fisch ohne Wasser. Daher hielt er sich entweder in Räumen (Discos, Partykeller etc.) auf, in denen es mit Presslufthammer-Lautstärke nur so hämmerte, oder aber er ließ sich – bei den Mahlzeiten, in der Straßenbahn etc. – über seine Kopfhörer volldröhnen.

Zwar verteidigte Frau Neumann das Hobby ihres Sohnes gern mit den Worten: „Besser als Horrorvideos gucken!" Aber sie litt auch darunter, dass der Gedankenaustausch mit ihrem einzigen Sohn durch die Musik sehr stark eingeschränkt wurde.

Zwar konnte sie ihn beim Mittagessen mühelos fragen, ob er noch eine Scheibe Rindfleisch wolle. Dazu musste sie nur die Fäuste mit vorgestreckten Zeigefingern, den Hörnern, an die Schläfen legen. Aber für ein Gespräch über die ökologische Steuerreform zum Beispiel reichten die schlichten, selbst erdachten Zeichen bei weitem nicht aus. Hier musste unbedingt die Schule weiterhelfen. Mit den Unterschriften in der Tasche suchte Frau Neumann am nächsten Morgen den Direktor des Beethovengymnasiums auf und zwar in großer Zuversicht. Schließlich hatte die Elternschaft in den vergangenen Monaten schon einiges erreicht. So wurden jetzt während der Klassenarbeiten Pop-CDs nach Wahl der Mädchen und Jungen abgespielt – ein wichtiger Schritt, um das Arbeitsfeld der Schüler der allgemeinen Lebensumwelt anzugleichen und sie auf das Leben eines Erwachsenen vorzubereiten. Schließlich leben wir in einer Lärmgesellschaft, in der alle öffentlichen Räume von den Restaurants bis zu den Zahnarztpraxen und Hoteltoiletten ununterbrochen mit Musik berieselt werden. Es ist einfach unverständlich, warum davon die Schulklassen ausgenommen werden sollten, zumal die früher übliche Grabesstille während der Klassenarbeiten nicht nur Lukas geängstigt und verunsichert hatte. Unbegreiflicherweise sperrte sich das Beethovengymnasium zunächst gegen diese Modernisierung. Aber die Eltern ließen nicht locker und legten eine wissenschaftliche Untersuchung vor, die beweist, dass Kühe bei angenehmer Musik mehr Milch geben. Wenn schon Kühe so sensibel reagieren, argumentierten sie, wie wahrscheinlicher ist es dann, dass unsere Kinder bei aufmunternder Popmusik bessere Leistungen erbringen. Diesen wissenschaftlichen Erkenntnissen konnten sich sogar die konservativsten Pädagogen nicht mehr verschließen.

B. O. Prattler

Die 3. Generation – Halts Maul

Neulich hast du mich vor allen meinen Kumpels angemacht
Hast mich fertig gemacht – alle haben mich ausgelacht
Ich komm immer zu spät – Hausaufgaben vergessen
Und „Warum musst du dein Pausenbrot immer in meinen Stunden essen?"
Zur Strafe hast du mir 'ne Extrastunde aufgedrückt
Vor der gesamten Klasse den Hass-Knopf gedrückt
Und dann sagtest du noch als Krönung vom Marsch
Ich wär der Dümmste in der Klasse – vielen Dank du Arsch!
Das war der Beweis, du bist der stärkste Mann der Erde
Wir sind deine Sklaven, deine Diener, deine Herde
Hey, Lehrer! – Was willst du mich schon lehren?
Mach' mich nicht an, sonst muss ich mich wehren!

Refrain:

Halts Maul! Halts Maul!
Woher willst du wissen, was richtig für mich ist?
Halts Maul! Halts Maul!
Warum hasst du mich so? Was hab ich dir getan?
Halts Maul! Halts Maul!
Nur weil du mich nicht abkannst, machst du mich fertig!
Halts Maul! Halts Maul! Hey Lehrer, halts Maul!

Du sagst, ich bin faul – du lässt mich gerne schwitzen
Nur noch eine Sechs in Mathe, und schon bleibst du sitzen
Hör auf den Rap zu bringen, ich hab Bock was zu lernen
Doch wenn du mich so erpresst, lerne ich nicht gerade gerne
Sei fügsam, gehorche, sonst droht dir der Verweis
Ey Alter, bleib mal locker und erzähl mir nicht so'n Scheiß
Schon am nächsten Morgen war dein Brief bei uns im Kasten
Du kannst es dir ja vorstellen, wie meine Eltern ausrasten
Danke, lieber Lehrer – wer nicht hören will, muss fühlen
Immer wenn ich ehrlich zu dir bin, hab ich verloren
Mein Alter redet seitdem nur noch vom Internat
Und dass er in dir 'nen Freund gefunden hat!

Refrain:

Halts Maul! Halts Maul!
Woher willst du wissen, was richtig für mich ist?
Halts Maul! Halts Maul!
Warum hasst du mich so? Was hab ich dir getan?
Halts Maul! Halts Maul!
Nur weil du mich nicht abkannst, machst du mich fertig!
Halts Maul! Halts Maul! Hey Lehrer, halts Maul!

Du hast es geschafft, deinen Hass abgespult
Meine Eltern haben mich gestern morgen umgeschult
Und jetzt hänge ich hier ab, wegen schlechter Noten
Und deiner Empfehlung, mit lauter Idioten
Mann, ich könnte kotzen, doch es tut mir nur weh
Dass ich meine allerbesten Freunde nicht mehr seh
Doch es hat ja auch was Gutes – es geht voran
Ich fang hier ein komplett neues Leben an
Denn mein altes Leben hast du mir ja gerade zerrissen
Und ausgelöscht! – Hast du kein schlechtes Gewissen?
Brauchst du nicht – ich kann mein Leben selber lenken
Tschüss, mein lieber Lehrer – ich werd immer an dich denken ...

Refrain:

Halts Maul! Halts Maul!
Woher willst du wissen, was richtig für mich ist?
Halts Maul! Halts Maul!
Warum hasst du mich so? Was hab ich dir getan?
Halts Maul! Halts Maul!
Nur weil du mich nicht abkannst, machst du mich fertig!
Halts Maul! Halts Maul! Hey Lehrer, halts Maul!

(Quelle unbekannt)

Ahoi! Was wir an der Schule falsch finden

Lernzwang – Nicht das lernen, was man will

Der Glaube, dass der deutsche Lehrnplan fürs Leben notwendig ist, ist unbegründet + falsch. Die meisten Sachen lernt man aus eigener Erfahrung und eigenem freien Willen. Zum Beispiel lernen auch Kinder, die noch nicht in die Schule gehen, lesen und schreiben, wenn sie es wollen. In der Schule können Kinder nicht das lernen, wofür sie sich gerade interessieren oder was ihnen gerade wichtig erscheint, da die meisten Lehrer den Stoff straff und planmäßig durchziehen, ohne auf Lust und Interessen der Kinder zu achten. So wird ihre freie Entfaltung (siehe Grundgesetz) und Erfahrungssammlung behindert. Das macht das Lernen uneffektiv.

Massenhaltung – Zuviele Kinder in einer Klasse

In der Schule müssen zuviele Kinder fast ohne Bewegung täglich mehrere Stunden gemeinsam in einem Raum durchhalten. Es ist bewiesen, dass man dadurch mit der Zeit agressiv wird. So kann man nicht lernen! Zum Lernen ist es außerdem notwendig, dass man eigene Erfahrungen sammelt und das ist kaum möglich, da man sich nicht zurückziehen oder allein sein kann.

Schülersortierung – Nur Gleichaltrige

Es ist langweilig, wenn in einer Klasse nur Kinder gleichen Alters sind. So lernt man andere Lebensarten und -unarten und Altersstufen nicht kennen. Verschiedenaltrige können voneinander lernen und sich unterstützen.

45-Minuten-Takt – Verkrampft-sture Zeiteinteilung

Wie lange Schüler brauchen, um neuen Stoff zu kapieren, ist sehr verschieden und kaum planbar. Ein festgefahrener Stundenplan stört so bei vielen den Lernprozess. Für die meisten ist es belastend, dass sie nicht ausschlafen können.

Einzelherrscher – Der Lehrer sitzt am längeren Hebel

Im Falle eines Streits haben die Schüler selten eine Chance sich durchzusetzen. Gegen LehrerInnen, die schlechten Unterricht geben und ungerecht sind oder einen nicht leiden können, kann man sich kaum wehren. Der Lehrer kann durch schlechte Noten – schlechtes Zeugnis – kein Schulabschluss – Kack-Berufschancen großen Druck ausüben. Fehlende Gleichberechtigung erschwert das Lernen ungemein.

Gedankensteuerung – So sein, wie andere es sich wünschen

Die Schule ist nicht nur zum Lernen da, sondern will den Schülern jetzt schon vermitteln (antrainieren), wie sie sich zu verhalten haben, was richtig / falsch / gut / böse ist. Sie will aus den Schülern angepasste Staatsbürger machen. Nicht nur die Meinungs-, sondern auch die Gedankenfreiheit wird bedroht, denn die Kinder sollen nicht nur sagen, was die Lehrer hören wollen, sondern auch noch glauben, dass es richtig ist.

Langeweile – Uninteressanter Unterricht

In den meisten Fächern sollen die Kinder nur mit ihrem Denkvermögen und Gedächtnis Unterrichtsstoff kapieren, der sie häufig nicht mal interessiert. In der Regel steht der Lehrer vorne und redet und redet. Aus einer Unzahl von Kopien und Büchern muss der Stoff erarbeitet werden. Träumen, spielen, die Dinge der Welt erkunden – das ist in der Schule nicht möglich.

Scheinwelt – Lernen hinter Mauern

Die Schule will die Kinder auf das Leben vorbereiten (als würde es erst viele Jahre nach der Geburt beginnen). Aber anstatt im praktischen Leben Erfahrungen zu sammeln und zu lernen, sitzt man in meist langweiligen Schulgebäuden und es werden einem Videos und Kopien und fachliche Experimente vorgesetzt... Wo lernt man, wie man miteinander klarkommt, wie man am besten Probleme löst usw.? Das alles wird höchstens theoretisch besprochen.

Schulversagen? – Eigentlich versagt die Schule

Das oft von Staat und Schule beschworene Ziel, freundliche, friedliche und gut gebildete Schüler aus der Schule zu entlassen, wird nicht erreicht. Viele Schulabgänger sind weder gebildet noch friedlich. Die Zufriedenheit und Friedfertigkeit lassen zu wünschen übrig. Nicht einmal Industrie und Wirtschaft sind mit den Schulabgängern zufrieden. Damit fehlen die Gründe, warum man das Zur-Schule-gehen in Kauf nehmen muss. Die Schule erfüllt ihren Zweck nicht.

Albtraum Schule – Tägliches Leid durch Angst und Frust

Nach Schätzungen geht
- $1/3$ der Schüler gern und ohne Probleme zur Schule,
- $1/3$ der Schüler langweilt sich in der Schule, passt sich an, und kommt ohne großen Schaden durch.
- Dem dritten Drittel der Schüler geht es in der Schule mies – und das täglich! Ein Grund für viele, Medikamente zu nehmen, Alk zu trinken oder krank zu werden. Einige werden

von der Schule in den Selbstmord getrieben. Wo bleibt bei einer so vermiesten Kindheit das „Wohl des Kindes", das im Grundgesetz gefordert wird.

Nix Chancengleichheit – Viele bleiben auf der Strecke

Das Argument, dass das jetzige Schulsystem wegen seiner Chancengleichheit so gut ist, stimmt nicht. Die Möglichkeiten, die Schüler in der Schule haben, hängen unter anderem sehr stark von den Eltern (Zeiteinteilung, Geld, Ansichten,...) oder der Sympathie der Lehrer zu den Schülern ab.

Zensurenterror – Alle müssen dasselbe lernen

Die Menschen sind verschieden, sollen aber alle das gleiche lernen und zum selben Ziel kommen. Sie werden durch Noten in gut oder schlecht eingeteilt. Man lernt nur noch für die Noten. Mit ihnen wird man erpresst und zum Lernen gezwungen (entweder ... oder 6). Das macht Angst und nimmt die Freude. Lernen wird dadurch erschwert.

Teilzeitgefängnis – Der Zwang anwesend zu sein

Der Schüler wird gesetzlich gezwungen, in die Schule zu kommen: Ob es ihm dort gut oder schlecht geht, ob er Probleme hat oder ob er gerne woanders wäre, um z. B. dort zu lernen, ist egal! Zwang auf den Menschen auszuüben ist Gewalt. Sogar im außerschulischen Leben werden Hausaufgaben angeordnet. Die deutsche Schulpflicht bricht das Grundgesetz (schon wieder).

Lehrerfrust – Lehrer sind auch Menschen

Auch viele LehrerInnen sind mit dem Schulsystem unzufrieden und leiden darunter. Sie gehen selbst nicht gern in die Schule. Manche geben sich kaum noch Mühe. Viele schaffen es nicht, die vielen Probleme, die durch die Schule entstehen, zu bewältigen. Oft sind die Schüler die Opfer dieses Frustes.

K. R. Ä. T. Z. Ä.

(Dieser Text stammt von einer Gruppe von Jugendlichen aus Berlin. Alle Schreibweisen mussten für den Abdruck im Original übernommen werden. Worüber soll man sich mehr wundern? Über die Bedingung der jugendlichen Autoren, Rechtschreibfehler abzudrucken? Über den Jargon aus der pädagogischen Mottenkiste? Über die Schule, die solche Haltungen vermittelt?)

Der Streichelautomat

Wir haben einen neuen Automaten in unserem Gymnasium. Er steht in der Eingangshalle, gleich neben dem Getränkeautomaten, den der Hausmeister eines Tages installierte, um den Ansturm auf sein Verkaufsfenster während der großen Pause zu reduzieren und trotzdem nichts an Umsatz einzubüßen. Er ist schon sehr geschäftstüchtig, unser Hausmeister; es würde mich nicht wundern, wenn er sogar Provision vom Zahnarzt bekäme, für jeden Schüler, den seine Süßigkeiten zum Patienten gemacht haben. Und jetzt haben wir einen neuen Automaten.
Zuerst haben wir Kolleginnen und Kollegen gar nicht mitbekommen, was das für ein Ding ist. Schließlich ist es uns egal, ob der Hausmeister seinen Umsatz nun auch noch mit Chips oder Schokolade steigert. Wir haben ganz andere Sorgen: über Deputatserhöhungen, Gehaltskürzungen, Versetzungen, über die Erhöhung der Lebensarbeitszeit, immer schwieriger werdende Schüler und nicht zuletzt über die Kostensteigerungen fürs Campingmobil. Mir fiel nur eines Tages auf, dass drei meiner lebhaftesten Schüler nach der großen Pause mit einem seltsam vergeistigten Lächeln in ihrer Bank saßen. Sie waren gar nicht ansprechbar, aber wenigstens störten sie nicht wie sonst den Unterricht. Als sich das mehrfach wiederholte, wurde ich doch stutzig und vermutete zunächst Drogenkonsum, was jedoch heftig bestritten wurde.

Schließlich vertrauten mir zwei Mädchen gegen eine geringe Aufbesserung ihrer Mathematiknote an, dass der neue Automat in der Eingangshalle damit zu tun habe.
In der nächsten großen Pause schaute ich mir das Gerät einmal an. „Streichelautomat" stand auf einem kleinen Schild zu lesen. Auf den ersten Blick wirkte er wie ein Passfoto-Automat im Hauptbahnhof, nur schmaler. Ein Mädchen warf gerade ein Eurostück in den Schlitz, trat ein und zog den Vorhang hinter sich zu. Nach ungefähr einer Minute kam sie wieder heraus und hatte dieses vergeistigte Grinsen im Gesicht. Meine Tai-Chi-Lehrerin würde sagen, dass sie wohl im Yin-Zustand sei. Friedlich „schwebte" sie von hinnen, während der nächste Schüler bereits im Automaten verschwand. Am Ende der Pause, es hatte bereits geklingelt, wollte gerade der größte Rabauke aus der 8 c sein Geldstück einwerfen, als ich ihn eben noch davon abhalten konnte. „Jetzt geht das nicht mehr, die Pause ist doch schon zu Ende", sagte ich. „Frau Seliger-Pauk hat mich aber geschickt", berief sich Paul auf seine Klassenlehrerin. „Sie hat mir einen Euro in die Hand gedrückt und gesagt, ich solle ja nicht in die Klasse kommen, bevor ich mir nicht ein paar Streicheleinheiten geholt hätte." Ich musste ihn also gewähren lassen.

Recht nachdenklich machte ich mich auf den Weg ins Lehrerzimmer, nachdem auch der wilde Paul mit Yin-Grinsen friedlich seinem Klassenzimmer zugestrebt war. Nach Unterrichtsende traf ich die Kollegin Seliger-Pauk zufällig auf dem Gang und sprach sie an. „Ach", rief sie aus, „es ist ein Geschenk des Himmels, dass wir diesen Apparat im Hause haben! Was sind die Kinder friedlich geworden – kaum noch Zank und Streit. Und", – sie winkte mein Ohr näher an ihren Mund heran –, „wissen Sie, Herr Kollege", flüsterte sie, „mir selbst tut der Apparat gleichfalls gut." Eine auffällige Röte überzog nach diesem Bekenntnis ihr Gesicht. Ich war überrascht. Für unsereins sollte der Streichelautomat auch gut sein? So ein Quatsch, dachte ich auf dem Heimweg. Streichelautomat, was hat das mit unserem Bildungsauftrag zu tun? Und wozu brauche ich Streicheleinheiten, wenn mein Problem darin besteht, wie ich die nächsten Schulwochen bewältigen solle, die mich noch vor den ersehnten Herbstferien trennen? Aber nachdenklich machte mich das Ganze doch. Es stimmte ja: Die Kinder waren erstaunlich friedfertig geworden; zwar auch sehr passiv, aber das begünstigte das Durchbringen des Stoffpensums sehr.

Am nächsten Morgen war ich sehr früh wach und machte mich eher als sonst auf den Weg zur Schule. In der Eingangshalle war es absolut still, niemand war zu sehen, nur der Streichelautomat summte leise. Ohne nachzudenken, zückte ich ein Eurostück, warf es ein und stellte mich hinter den Vorhang. Ehe ich mich versah, senkte sich eine Art Haube über meinen Kopf und legte sich weich über die Stirn, Ohren und Hinterhaupt. Und dann begannen sich zärtliche Wellen von dort, wo früher einmal mein Haaransatz gewesen war, bis zum Hinterkopf auszubreiten. Dazu summte eine liebliche Melodie, offensichtlich aus einem in die Haube integrierten Lautsprecher, was direkt den Schädel in Schwingung versetzte – ein unglaublich schönes Gefühl. Mein Verstand kapitulierte. Wie benommen taumelte ich aus dem Automaten und stand unmittelbar vor dem Schulleiter. „Wie, Herr Kollege, Sie sind auch diesem Unfug verfallen?", dröhnte er mich an. Ich konnte nur etwas von „Ich musste mal testen, was die Kinder so fasziniert" stammeln und spürte dabei dieses stupide Grinsen im Gesicht. So schnell wie im Yin nur irgend möglich, machte ich mich davon, nahm aber aus den Augenwinkeln noch wahr, dass auch der Direktor im Automaten verschwand.

Viel geredet wurde im Kollegium nicht über den Automaten, aber das vergeistigte Grinsen verbreitete sich allmählich im Lehrerzimmer. Die Konferenzen verliefen wesentlich konfliktfreier als früher. Doch dann meldete sich der Schulrat an; einige Eltern hatten sich beschwert, dass der Automat ihre strengen Erziehungsgrundsätze konterkariere.
Wir fürchteten schon, die alten Zeiten würden zurückkehren, doch der Schulrat war weise genug, den Automaten zunächst selbst zu testen. Kürzlich habe ich erfahren, dass auch im Amt der Antrag gestellt worden sei, einen Streichelautomaten aufzustellen.

D. Träbert

Lust und Frust im Schulalltag

Das bereitet mir Lust:

Das bereitet mir Frust:

Das bereitet mir Lust	Das bereitet mir Frust
1.	1.
2.	2.
3.	3.
4.	4.
5.	5.
6.	6.
7.	7.
8.	8.
9.	9.
10.	10.
11.	11.
12.	12.
13.	13.
14.	14.
15.	15.

Notieren Sie, was Ihnen in der Schule Lust oder Frust bereitet.
Erstellen Sie zunächst eine persönliche Rangfolge.
Wie wäre es mit einer Kollegiums-Rangfolge?!

Ein Lehrer an seine Schüler: Seid ungehorsam

Nicht für die Schule, auch nicht für den Beruf, für das Leben seid ihr geboren. Geht nicht nur zur Schule wegen des späteren Jobs; kommt auch wegen des Lebens und wegen der Rätsel, die es euch heute schon stellt.

Über die Frage, wie ihr euch am besten bildet, versäumt nicht zu fragen, welche Bildung ihr sucht: den persönlichen Informationsvorsprung, der Herrschaftswissen und Mehrwertbildung sichert, oder die Bildung eurer Persönlichkeit, welche Verantwortungsbewusstsein und Wertorientierung gestattet.

Seid keine Streber: Flüchtet nicht in das Wissen, um euch der Realität zu entziehen und euch dem Leben zu verweigern. Werdet keine Musterschüler: Fragt tiefer, als die Lehrpläne gestatten, seht mehr, als die Lehrer wünschen, denkt weiter, als die Prüfungen verlangen.

Lasst euch nicht verschulen: Rechnet nicht nur mit Zahlen, sondern mit der Wirklichkeit selbst. Lest nicht nur Texte, sondern die Gegenwart. Schreibt nicht nur Aufsätze, sondern Geschichte. Hütet euch vor der Wissens-Falle des Informationskonsums. Die Fülle eures Wissens entspreche nicht dem Umfang irgendwelcher Fachbücher, sondern der Tiefe des Lebens und der Weite menschlicher Erfahrung. Lasst euch das Wissen nicht entwerten: Verwechselt nicht Wissen mit Information, Erkenntnis mit Faktensammeln, Verstehen mit Bescheidwissen. Ungesund ist die Wissensvöllerei, das wahllose Verschlingen von Wissensware, Bit um Bit, von Klassenarbeit zu Klassenarbeit.

Lebensbedrohlich wird die intellektuelle Magersucht, die rigorose Abwehr von Gefühl und Erfahrung, im Namen der Vernunft und Objektivität. Lasst euch das Wissen nicht schlaraffisieren: Das simple Gebrauchswissen stumpft ab, das süße Unterhaltungswissen betäubt, das gleichgültige Vielwissen tötet den Geist.

Lasst euch das Wissen nicht amputieren: Begnügt euch nicht mit Ex-und-Hopp-Kenntnissen, verlasst euch nicht auf Second-Hand-Erfahrungen, lebt nicht von Ersatzwahrheiten. Lasst euch eure Bilder nicht nehmen, eure Erfahrungen nicht ersetzen, eure Träume nicht ausreden. Lasst euch das Wissen nicht vergleichgültigen: Wissen, das nicht beunruhigt, Ideen, die nicht gefährlich werden, und Erkenntnisse, die nichts in Gang setzen, könnt ihr getrost vergessen. Lasst euch das Wissen nicht verzwecken: Verhindert, dass Bildung zum bloßen Geschäft entartet, ihre Träger und Gehalte zu Waren werden, Schule zur Werbeagentur der Industriekultur verkommt.

Lasst euch das Wissen nicht heilig sprechen: Betrachtet die Lehrpläne nicht als Evangelium, verehrt die Lehrer nicht als den lieben Gott, fürchtet die Prüfungen nicht als das Jüngste Gericht. Erwartet von euren Lehrern, dass sie euch nicht nur Wissen vermitteln, sondern auch Lieder singen und Geschichten erzählen.

Lernt nicht nur richtige Antworten, lernt vor allem, richtig zu fragen. Erspürt die Fragen, die hinter und vor den Fragen liegen, auf die eure Lehrbücher antworten. Die wesentlichen Fragen sind die einfachsten. Doch die einfachsten Fragen sind am schwersten zu beantworten. Nehmt euch das Recht zu zweifeln, leistet es euch zu lieben, gönnt euch den Luxus zu glauben.

Lernt nicht nur, das Leben zu meistern, sondern auch, das Leben zu lieben. Seid ungehorsam: Glaubt nicht an die Technik, hofft nicht auf den Markt, liebt nicht den Profit. Seid nicht leichtgläubig: Lasst euch von den Bannerträgern des Fortschritts nicht verführen, von den Kreuzrittern des Wachstums nicht mitreißen und von den Hasardeuren des Kapitals nicht betrügen. Seid ungläubig: Habt andere Götter neben dem Gott der Wirtschaft, entheiligt die Riten und Symbole des Konsums, verspottet die Glaubenssätze der Werbung. Nicht nur verwertbar, sondern wertvoll sei euer Wissen.

Über die Frage, was ihr erreichen sollt, vergesst nicht die Frage, wohin ihr gelangen wollt. Betrachtet die Schule weder als Kasernenhof zur marktgerechten Dressur noch als Fitness-Center für den gesellschaftlichen Leistungskampf, sondern als Erfahrungsraum für engagiertes Lernen und solidarisches Leben. Werdet in ihr nicht nur gescheit, sondern auch überzeugt, nicht nur kompetent, sondern auch entschieden, nicht nur erfolgreich, sondern auch froh.

E. Cramer

Das Lernparadies – eine Geschichte aus der Zukunft

Montagmorgen. Nach einem erholsamen Wochenende mache ich mich auf den Weg in die Schule. Schon beim Aussteigen aus meinem Auto begrüßt mich der Direktor mit Handschlag. „Einen recht schönen guten Morgen. Ich hoffe, du hattest ein schönes Wochenende?" „Danke!", antworte ich. Ich sehe die vielen Schüler, die vor dem Schulgebäude stehen, alle fröhlich lachend. Und wenn man genau hinsieht, kann man einen neugierigen und erwartungsvollen Blick erkennen. „Diese Lust am Lernen", hatte ein Kollege einmal gesagt, „diese Lust am Lernen ist mir fast unheimlich. Wenn ich da an meine Schulzeit denke!"

Ja, es ist alles anders als früher. Ich betrete das Schulgebäude. Die hellen und freundlichen Farben im Eingangsbereich lachen mich an. Wie immer am Beginn der Woche treffen sich alle an der Schule lehrenden, lernenden und arbeitenden Menschen zu einem großen Frühstücksbuffet.

Ich setze mich an einen Tisch, an dem vier Mädchen und zwei Jungen aus der Mittelklasse sitzen. Sie unterhalten sich eifrig über die Geschehnisse des Wochenendes. Und da gibt es viel zu erzählen. Auch ich berichte von meinem Wochenendausflug in die Berge. Das ist der Sinn der Sache. Eine Art Befindlichkeitsrunde vor Unterrichtsbeginn.

Nach und nach begeben sich alle in ihre Lernräume. Es sind nicht mehr die alten Klassenräume mit Tafel, Schulbänken und viel zu klein geratenen Stühlen. Es ist eine Art Wohn- und Lernraum. Eine kleine Kochecke, Sofa und Sessel, eine komplette HiFi-Anlage und an jedem Schüler- und Lehrerplatz ein Multimediarechner.

Die Schüler sitzen bereits an ihren Plätzen und arbeiten. Manche allein, andere im Team. Kein „heute behandeln wir das Thema XY" oder „Nehmt eure Bücher heraus und schlagt Seite 24 auf". Nein, hier geht es anders zu. Die Jugendlichen arbeiten selbstständig und eigenverantwortlich an ihren Lernprojekten. Dabei sind vor allem Kreativität und Fantasie gefragt. Manche sitzen in eigens dafür vorgesehenen Räumen und unterhalten sich mit Experten, die sie eingeladen haben. Andere sind unterwegs und besuchen Orte, an denen sie sich Wissen aneignen können. Wichtig ist, dass die Neugier wach gehalten wird und unser Bildungssystem eine eigenverantwortliche Entdeckungsreise ist. Die Schüler sind motiviert und interessiert.

Ich als Lehrer bin Moderator, Animateur und Lernberater. Und da gibt es einiges zu tun, denn ich muss den Überblick behalten bei den vielen Lernaktivitäten.

An meinem Lehrer-PC kann ich alle Tätigkeiten verfolgen, jedoch nicht überwachen, sondern begleiten. Auch die Schüler haben die Möglichkeit, sich virtuell gegenseitig zu unterstützen. Die Fortschritte, die sie machen, sind enorm.

Drei Schüler sind heute verhindert und mittels Videokonferenz zugeschaltet. Die Pausen legen die Schüler selbst fest – jeder wie er es braucht. Noten und Zeugnisse wurden vor einigen Jahren abgeschafft. Stattdessen gibt es regelmäßige Team- und Einzel-Beratungsgespräche. Dabei schätzen die Schüler ihren Lernfortschritt selbst ein. Durch konstruktive Kritik, Anerkennung und Ermutigung wird die Motivation verstärkt.

Irgendwann war man zu der Einsicht gelangt, dass die vielen Bildungstheoretiker unser Schulsystem kaputt machen und dass die eigentlichen Experten an den Schulen selbst sind. Dort wurde dann mit den Veränderungen begonnen. Frei nach dem Motto: Die Zukunft beginnt heute, hier und jetzt in der Schule.

Und so arbeiten und leben Schüler und Lehrer gemeinsam mit Lust und Freude im Haus des Lernens.

Die Schulzeiten werden flexibel gestaltet. Es gibt Kernzeiten, in denen alle anwesend sein müssen. Doch es halten sich bei weitem nicht alle daran. Gelegentlich brennt bis in die Nachtstunden Licht in den Arbeits- und Wohnräumen. Kaum zu fassen!

Wie sieht die Schule der Zukunft aus?
Könnten Sie sich vorstellen, unter den genannten Bedingungen zu arbeiten?
Welche Ideen haben Sie noch für die Schule der Zukunft?

Was sich aus Lehrersicht ändern muss

1. Sorgt dafür, dass die besten Leute Lehrer werden! Lockt sie in die Schule. Gebt ungeeigneten Lehrern die Chance, die Schule mit Würde zu verlassen.
2. Macht Bildung zur Hauptsache! Entfacht eine breite gesellschaftliche Diskussion darüber, was in den Schulen gelehrt und gelernt werden soll. Richtet runde Tische mit allen an der Schule Beteiligten ein. Bezieht die Lehrer in den bildungspolitischen Diskurs systematisch mit ein. Gebt ihnen die entsprechenden Foren, auf denen sie sich zu Wort melden können.
3. Gebt den Lehrern mittelfristig ein Image, das der gesellschaftlichen Bedeutung ihrer Arbeit entspricht! Stärkt ihr Selbstbewusstsein, denn nur ein gelassener und selbstbewusster Lehrer ist ein guter Lehrer.
4. Bildet die Lehrer in der Praxis für die Praxis aus! Lehrer brauchen kommunikative, pädagogische und methodische Kompetenzen auf der Grundlage einer soliden fachwissenschaftlichen Ausbildung.
5. Gebt den Lehrern eine obligatorische Supervision in den ersten Berufsjahren! Nur so kann die „déformation professionelle" in Grenzen gehalten werden.
6. Gebt den Lehrern eine Stunde pro Woche, in der sie sich fachlich und pädagogisch koordinieren können! Lehrer müssen an ihren Schulen in eigener Regie eine Diskussions- und Kooperationskultur aufbauen. Hilfreich für die Konzentration der Lehrer auf ihr Kerngeschäft wären Schulsozialarbeiter an allen Schulen zur Entlastung der Lehrer bei Problemfällen.
7. Sorgt für Unterrichtsabdeckung, aber macht euch noch mehr Gedanken um die Verbesserung der Unterrichtsqualität! Führt eine breite Diskussion darüber, was guter Unterricht ist und wie man ihn in den Schulen auf Dauer etablieren und weiter entwickeln kann.
8. Gebt den Lehrern die Möglichkeit, sich kontinuierlich weiterzubilden! Aus- und Weiterbildung sind die Grundlagen für solide Lehrerqualifikation.
9. Schafft die Voraussetzungen dafür, dass an den Schulen ein Klima entsteht, in dem Leistungen ausdrücklich und selbstverständlich anerkannt werden! Entwickelt ein klares und differenziertes Anreizsystem für pädagogische Leistung. Setzt Signale gegen die Behörden- und Beamtenmentalität.

Lehrer wie Fluglotsen

Lehrer müssen belastbar sein, um die vielen Stressfaktoren ohne gesundheitliche Probleme zu überstehen. Prof. Dr. Bernhard Sieland von der Universität Lüneburg vergleicht die Entscheidungsdichte der Lehrer mit denen von Fluglotsen.

Ein Lehrer muss während eines Vormittags etwa 6000 Entscheidungen treffen, wenn er auf alle Anfragen, Probleme und Störungen reagiert. Hinzu kommt das veränderte Arbeitsfeld der Lehrer, die nicht nur fachliches Wissen vermitteln, sondern mittlerweile vor allem im erzieherischen Bereich gefragt sind. Die Schüler bringen viele Probleme aus dem privaten Umfeld mit in die Schule, auf die der Lehrer dann reagieren muss. Um die Stress fördernde Belastung zu verringern, fordern viele Experten, einen Teil der Lehrerarbeitszeit für pädagogische Aufgaben auszuweisen. Zu hohe Klassenstärken, der immer größer werdende Altersunterschied zwischen Schülern und Lehrern, die zunehmenden bürokratischen Aufgaben und immer anstrengendere Schüler sind weitere Stressfaktoren.

Übrigens: Fluglotsen werden wegen ihrer hohen Beanspruchung schon mit 55 Jahren pensioniert.

Auf dem Weg in die Zukunft

Die Schullandschaft ändert sich. Sie sind auf dem Weg in eine ungewisse Zukunft. Fünf Dinge können Sie mitnehmen, die Ihrer Meinung nach zum Überleben wichtig sind. Es können ganz praktische Gegenstände sein (Notebook, Buch, Lehrplan), aber auch Gefühle (Mut, Selbstbewusstsein).

Schreiben Sie die einzelnen Dinge auf und fragen Sie einen Kollegen nach seinem Rucksackinhalt.

1. _____
2. _____
3. _____
4. _____
5. _____

Anekdoten und Sprüche rund um den Schulalltag

Wandergruppe

Der Vertretungsplan ist in jeder Schule ein wichtiges Informationsorgan. Er ist besonders wichtig, wenn die Raumnot in der Schule zu einem akuten Problem wird. So gibt es Klassen, die als vagabundierende Wandergruppe auf der Suche nach einem Zuhause sind. Denn auch ein Schüler braucht eine Heimat, eine Verwurzelung an einem liebgewordenen Ort, einem Lebens- und Lernraum, in dem ihm die Wissenshäppchen serviert werden können.

Der Hausmeister

Manche halten ihn für den wichtigsten Mann in der Schule. An ihm geht nichts vorbei. Er entscheidet über Sein oder Nichtsein. Er kann einen ganzen Schulbetrieb lahm legen. Sucht man ihn, ist er unauffindbar. Denn: Überall ist er und nirgends. In den meisten Fällen verdient sich seine Gemahlin ein kleines Zubrot durch den Verkauf von Pausendrinks und allerlei süßen Dickmachern. Mit dem Pfand der zurückgelassenen Schüler-Flaschen soll so mancher sich ein Häuschen gebaut haben – so munkelt man.
Unser Hausmeister ist ein herzensguter Mann – wenn man ihn nicht ärgert oder provoziert. Am besten ist es, man macht ihm und sich selbst immer wieder deutlich, wie wichtig er ist. Denn ohne geheizte Klassenräume, ohne Licht, ohne Kreide wäre der Schulbetrieb lahm gelegt.

Das Lehrerzimmer

Das Lehrerzimmer ist der Raum, in dem sich Lehrer aufhalten, wenn sie keinen Unterricht haben. Also vor Unterrichtsbeginn, in den Pausen und Freistunden. Dort wird viel geredet: über den Unterricht, die Schüler und über die nächsten Ferien. Und es wird auch gejammert: darüber, wie schlimm es doch ist, sich mit anderer Leute Kinder abzugeben und überhaupt, wie schwer man es hat. Störungen der Ruhe sind ständig angesagt: Schüler wollen wissen, ob eine Unterrichtsstunde ausfällt und ob die Klassenarbeit denn wirklich geschrieben wird. Und da ist noch die lästige Klingel, die die wohlverdiente Auszeit unterbricht.

...im Unterricht

Was macht einen guten Schüler aus?

1. leicht mit anderen in Kontakt kommen
2. sich gut ausdrücken können
3. körperlich fit sein
4. fleißig und ordentlich mitarbeiten
5. ein gutes Benehmen zeigen
6. auch unter Stress gute Leistungen erbringen
7. selbstständig und kritisch denken können
8. viel Selbstvertrauen entwickeln
9. Widerstand leisten und sich durchsetzen können
10. eigene Gefühle unterdrücken können
11. sensibel für eigene und die Gefühle anderer sein
12. andere überzeugen können
13. kreativ sein
14. sich einer Autorität unterordnen können
15. ein gepflegtes Äußeres haben
16. sich gut anpassen können
17. sich viel Allgemeinwissen aneignen
18. sich eine eigene Meinung bilden können
19. in Fragen der Unterrichtsgestaltung mitreden
20. sich in Gehorsam und Verzicht üben
21. Solidarität mit Schwächeren zeigen
22. spontan und einfallsreich handeln
23. andere unterhalten können
24. möglichst keine Fehler machen
25. Schwächen eingestehen können
26. Pünktlichkeit
27. immer gute Noten
28. dem Lehrer nach dem Mund reden
...

Wählt eure fünf wichtigsten Einschätzungen aus!

Persönliche Einschätzung:

___

Gruppeneinschätzung:

___

Klasseneinschätzung:

___

Wenn ihr wissen wollt, was ein guter Schüler aus Sicht der Lehrer ist, fragt einfach nach!
Vergleicht dann die Ergebnisse mit eurer Einschätzung.
Manchmal kann ein offenes Gespräch Wunder wirken.

Höhen und Tiefen im Schulalltag

- High Feeling Point
- Luftschloss
- Rosa Wolke
- Dicke Luft
- Schöne Aussicht
- Jubelburg
- Elternberg
- Widerstand
- Vulkan der Leidenschaft
- Großvaterstuhl
- Straße des Aufbruchs
- Freudenquelle
- Ausflippwiese
- Feststadt
- Steinbruch der Kritik
- Hoffnungsgrab
- Wolkenkuckucksheim
- Rotkopf
- Der verbotene Wald
- Das muntere Bächlein
- Gedankenfluss
- Tränenbach
- Krachgau
- Schüchterfeld
- Höhle der Geborgenheit
- Kalte Schulter
- Unruh
- Freudenstadt
- Freundschaftsbrücke
- Fluss der Wünsche
- Hemmschwelle
- Überraschungsheim
- Wald der 1000 Ideen
- Warnungsstein
- Freudenstrom
- Schmusewiese
- Nervensägewerk
- Verzauberter Wald
- Land des Lächelns
- Guter Ausblick
- Frustsumpf
- Lügenlabyrinth
- Pfad der Demütigung
- Schmollhöhle
- Die ätzende Anöde
- Anmachsumpf
- Gute Laune Aue
- Gefühlsdschungel
- Kummersee
- Totenweiler
- Hasstal
- Klagemauer
- Untreu
- Stressmühle
- Verachtungsaue
- Null Bock See
- Seufzerflur
- Zoffingen
- Bitterfeld
- Enttäuschungsschlucht
- Genuss
- Vergifteter Brunnen
- Freiland
- Muffhausen

(Quelle unbekannt)

Ein Briefwechsel

Vor einigen Jahren war in einer großen deutschen Tageszeitung folgender Briefwechsel abgedruckt:

Giessen, den 19. September 1983

Sehr geehrte Frau Koch-Klenske,
hiermit muss ich Ihnen leider mitteilen, dass Ihr Sohn Alexander im Monat September im Mathematik-Unterricht
- häufig Heft oder Bücher vergessen hatte,
- häufig zu spät in den Unterricht kam.

Da es für Ihr Kind sehr wichtig ist den neuen Stoff im Unterricht mit zu erarbeiten und zu Hause das neu erworbene Wissen in den Hausaufgaben selbstständig anzuwenden, bitte ich Sie, mit Alexander in diesem Monat zu sprechen, um größere Lücken und ein Absinken der Note zu vermeiden. Falls Sie mit mir darüber sprechen wollen, bitte ich Sie, über Ihr Kind einen Termin mit mir auszumachen oder mich anzurufen. Meine Telefonnummer ist 06 41/47 12.

Hochachtungsvoll
Werumeit

Giessen, den 20. September 1983

Sehr geehrte Frau Werumeit,
hiermit möchte ich Ihnen mitteilen, dass Ihr Schüler Alexander im Monat September im häuslichen Bereich
- häufig das Zimmer nicht aufgeräumt hat,
- häufig die Kleider abends nicht auf den Stuhl gelegt hat,
- häufig die Zähne nicht geputzt hat,
- häufig den Vogel nicht gefüttert hat.

Da es für Ihren Schüler sehr wichtig ist, den neuen Stoff an Hygiene und Sozialverhalten zu Hause zu erlernen und dann in anderen Institutionen das neu erworbene Wissen selbstständig anzuwenden, bitte ich Sie, mit Alexander über sein häusliches Verhalten in diesem Monat zu sprechen, um größere Probleme und allgemeinen Ärger mit mir zu vermeiden.
Falls Sie mit mir darüber sprechen wollen, bitte ich Sie, über Ihren Schüler einen Termin mit mir auszumachen oder mich anzurufen. Meine Telefonnummer ist 06 41/4 89 79.

Hochachtungsvoll
Koch-Klenske

Hilfen für ein gutes Gespräch

Die folgenden Gesprächshilfen können als Grundlage dienen. Jedoch sollten diese regelmäßig überprüft und weiterentwickelt werden.

- Wir schaffen eine offene und freundliche Gesprächsatmosphäre (Gesprächskreis, Hufeisenform). Jeder sollte jeden sehen können.
- Wir nehmen uns genügend Zeit.
- Wir hören einander zu.
- Wir lassen einander ausreden.
- Wir sprechen laut und deutlich.
- Wir sprechen miteinander.
- Wir achten auf Störungen.
- Wir bearbeiten gemeinsam anstehende Konflikte.
- Wir denken zuerst, ehe wir reden.
- Wir geben ein Zeichen, wenn wir etwas sagen wollen.
- Wir schaffen eine vertrauensvolle Atmosphäre (Wie könnte das gelingen?).
- Wir hören genau hin, was der andere sagt und versuchen ihn zu verstehen (aktives Zuhören).
- Wir gehen nach Möglichkeit auf Gesprächsbeiträge der Vorredner ein oder reagieren darauf.
- Wir sagen „ich" und weniger „wir" und „man", wenn es um uns selbst geht. Du-Botschaften sind meist aggressiv.
- Wir vermeiden Verallgemeinerungen und pauschale Vorurteile.
- Wir achten auf die körpersprachlichen Signale (Gestik, Mimik, Haltung, Blickkontakt).
- Wir versuchen weniger Vermutungen, sondern eher Gefühle und Empfindungen auszusprechen.
- Wir bleiben beim Thema und vermeiden es, alte Probleme aufzuwärmen.
- Wir fragen nach, wenn wir etwas nicht verstanden haben.
- Wir loben gutes Gesprächsverhalten.
- Wir versuchen möglichst viele aktiv in das Gespräch mit einzubeziehen und Nicht- oder Wenigsprecher zum Sprechen zu ermutigen.
- Wir begründen unsere eigene Meinung.
- Wir stellen niemand bloß.
- Wir verbinden Kritik mit Verbesserungsvorschlägen.
- Wir respektieren uns gegenseitig und beleidigen niemand.
- Wir entwickeln neue Gesichtspunkte und Lösungen.
- Wir vermeiden lange Monologe, die langweilen könnten.

Wir versuchen die von uns aufgestellten Gesprächshilfen einzuhalten.

In einem guten Unterricht ...

- ... wird bei den Schülern Neugier und Begeisterung geweckt.
- ... werden auch die Kompetenzen und Interessen der Schüler mit einbezogen.
- ... haben die Schüler einen angemessenen Redeanteil.
- ... haben die Schüler genügend Bewegungsmöglichkeiten.
- ... herrscht eine entspannte, aber konzentrierte Atmosphäre.
- ... gibt es Regeln, die alle einhalten müssen.
- ... dürfen auch Fehler gemacht werden.
- ... ist gegenseitiger Respekt eine Grundlage gemeinsamen Arbeitens.
- ... werden Konflikte konstruktiv gelöst.
- ... werden Unterrichtsstörungen thematisiert und geklärt.
- ... dürfen nicht nur Stärken, sondern auch Schwächen gezeigt werden.
- ... gibt es auch Phasen des eigenverantwortlichen Lernens.
- ... lernen die Schüler nicht nur Unterrichtsinhalte, sondern auch Methoden des Lernens und der Präsentation.
- ... dürfen die Schüler dem Lehrer ein Feedback geben.
- ... werden auch außerschulische Lernorte aufgesucht.
- ... werden die Themen anschaulich aufgearbeitet.
- ... werden vielfältige Medien eingesetzt.
- ... sichert der Lehrer die Ergebnisse in geeigneter Weise.
- ... wird die Persönlichkeit der Schüler gestärkt.
- ... wird die Urteilskraft der Schüler geweckt.
- ... wird eine Vielzahl an Methoden angewandt.
- ... fördert eine anregende Lernumgebung die Lernbereitschaft.
- ... ist eine klare Strukturierung gegeben.
- ... haben auch Phasen der Entspannung ihren Platz.
- ... werden Regeln der Gesprächsführung eingeübt.
- ... werden Grundlagen und Techniken der Konfliktlösung eingeübt.
- ...

Was sind für Sie die wichtigsten Merkmale eines guten Unterrichts?

Was ich von Ihnen und Ihrem Unterricht halte

Ich erlebe Sie als ... / Trifft ...	... vollkommen zu	... überwiegend zu	... teilweise zu	... kaum zu	... gar nicht zu
• gerecht					
• freundlich					
• humorvoll					
• hilfsbereit					
• tolerant					
• geduldig					
• selbstbewusst					
Sie kennen unsere Schwächen und Stärken					
Ich lerne viel bei Ihnen					
Ihr Unterricht ist interessant und abwechslungsreich					
Ich freue mich, wenn Sie in unsere Klasse kommen					
Sie freuen sich über Ihre Unterrichtserfolge					
Sie achten auf Disziplin und Ruhe					
Sie verstehen es, mich zu motivieren					
Ich brauche bei Ihnen keine Angst vor Prüfungen zu haben					
Sie sind mir sympathisch					
Sie nehmen uns ernst					
Sie legen die Kriterien Ihrer Notengebung offen					
Sie benutzen viele Medien					
Sie haben Spaß an Ihrem Fach					
Ich kann Ihnen gut zuhören					

Trifft ... / Ich erlebe Sie als ...	... vollkommen zu	... überwiegend zu	... teilweise zu	... kaum zu	... gar nicht zu
Sie können gut zuhören					
Sie gehen auf unsere Probleme ein					
Sie geben eigene Fehler zu					
Sie haben eine mitreißende und positive Ausstrahlung					
Sie verstehen Spaß					
Sie können gut erklären					
Ich fühle mich von Ihnen respektiert und akzeptiert					
Sie behandeln uns alle gleich und bevorzugen niemanden					
Sie akzeptieren auch andere Meinungen					
Sie zeigen uns, wofür wir das Erlernte verwenden können					
Sie unterrichten mit Begeisterung					
Sie ermuntern uns, Fragen zu stellen und selbst nach Lösungen zu suchen					
Sie loben uns, wenn wir gute Leistungen erbringen					
Ich würde mich mit persönlichen Problemen an Sie wenden					

Ich glaube, Unterricht bedeutet für Sie: _____

Wenn Sie mich im Bezug auf Ihren Unterricht um Rat fragen würden, dann würde ich Ihnen Folgendes sagen:

_____

Zufriedenheit insgesamt: _____

Ich bin motiviert, wenn ...

- ... der Unterricht abwechslungsreich und spannend gestaltet wird.
- ... unser Klassenraum gemütlich gestaltet ist.
- ... die Lehrer alles gut erklären und Nachfragen zulassen.
- ... die Unterrichtsthemen interessant sind.
- ... der Lehrer gut gelaunt und freundlich ist.
- ... die Benotung fair ist.
- ... es Ferien gibt und ich mich entspannen kann.
- ... ich meine Freunde in der Schule treffe.
- ... ich ein Erfolgserlebnis habe, z. B. eine gute Note.
- ... ich das Gefühl habe, dass unsere Lehrer uns ernst nehmen.
- ... im Unterricht auch mal gelacht wird.
- ... wir über aktuelle Themen sprechen.
- ... wir Dinge ausprobieren können, z. B. in der Projektarbeit.
- ... ich mich in meiner Klasse wohl fühle.
- ... wir Besuch im Unterricht bekommen.
- ... der Lehrer nicht nur an meinen Noten, sondern auch an meiner Person interessiert ist.
- ... eine offene und freundliche Gesprächsatmosphäre herrscht.
- ... ich aus meinen Fehlern lernen darf.
- _____
- _____
- _____
- _____
- _____
- _____
- _____

Führe die Liste weiter.
Unterhaltet euch untereinander und mit euren Lehrern über eure Motivationsgründe.

Ausreden für den Schulalltag

1. Tschuldigung, Herr X, ich hatte eine Marien-Erscheinung. Da hab ich natürlich angehalten und zugeschaut (funktioniert vor allem bei Religionslehrern).

2. Ich bitte vielmals um Entschuldigung! Aufgrund einer Polizeikontrolle, in die ich geriet, treffe ich verspätet ein. Die wollten alles sehen: Verbandskasten ... (geht nur bei Autofahrern).

3. Es tut mir Leid, dass ich zu spät komme, aber das Frühstücksfernsehen war so langweilig, dass ich vor dem Fernseher wieder eingeschlafen und erst eine Stunde später wieder aufgewacht bin.

4. Bitte entschuldigen Sie meine Verspätung! Meine S-Bahn (U-Bahn) hatte einen Platten! Da bin ich gelaufen (Man sollte außer Atem sein).

5. Ich konnte die Schule wegen des dichten Nebels nicht finden! Bitte entschuldigen Sie meine Verspätung!

6. Da war ein Leuchten am Himmel. Ich hielt an. Ufos! Überall! Sie schwebten direkt über mir, ließen eine Strickleiter herunter. Ein Alien kam runter, nahm mich mit hoch. Ab da weiß ich nichts mehr...

7. Ich habe heute Nacht von einem Fußballspiel geträumt. Es gab leider eine Verlängerung.

8. Ich hielt gerade auf der Kreuzung. Da stieg ein Mann ein und sagte „Polizei! Folgen Sie dem Wagen da!" Ja, da konnte ich doch nicht eher kommen!

9. Ich hab den Raum nicht gefunden!

10. Entschuldigung, aber mein Hamster hat das Weckerkabel durchgebissen...

11. Aufgrund eines immensen Schlafdefizits habe ich am Montag leider verschlafen.

12. Leider konnte ich die Entschuldigung für mein gestriges Fehlen nicht sofort finden. Deshalb bin ich heute zu spät gekommen. Sorry!

13. Tja ... Ich will nicht lügen: Sie war so hübsch, dieses Mädchen an der Bushaltestelle! Ich konnte mir nicht verbieten, sie zuerst zu ihrer Schule zu bringen. Entschuldigung!

14. Tut mir Leid, dass ich so spät komme, aber als mein Wecker klingelte, schlief ich noch.

15. Tut mir Leid, aber ich hatte einen Doppelknoten in meinem Schnürsenkel und als Knotenspezialist konnte ich es dabei nicht bewenden lassen.

16. Entschuldigen Sie, ich bin zu spät, weil es geklingelt hat, bevor ich hier war!

17. Sorry, mein Funkwecker hatte eine Funkstörung!

18. Wegen eines Stromausfalls klingelte der Wecker leider nicht, er blinkte nur.

19. Die Polizei hat eine Fahrradkontrolle gemacht und mein Licht ging nicht. So durfte ich nicht mehr fahren und musste den Rest des Weges schieben, was ja viel länger dauert!

20. Ich hab echt gedacht, heute wär ... (gestriger Wochentag) und bin deshalb zum falschen Raum gegangen.

21. Ich hatte auf der gesamten Strecke Gegenwind und musste an jeder Ampel halten (für Radfahrer).

Respekt

Am Beginn eines jeden Schuljahres vollzieht sich das gleiche Ritual. Ich muss mich auf eine große Anzahl neuer Klassen einstellen. In der Regel sind es 8–12. Ich empfinde es immer wieder als eine spannende Sache. Mit wem werde ich es zu tun haben? Wie viele Schüler sind in der Klasse? Wo kommen sie her? Warum sind sie hier an unserer Schule? Welche Erfahrungen haben sie mit dem Fach, das ich unterrichte? Haben sie schon vorher etwas über mich und meinen Unterricht gehört?

Ich betrete den Klassenraum, schaue mich um und suche zunächst nach bekannten Gesichtern. Bin ich fündig geworden, habe ich einen Fuß drin in der Ansammlung unbekannter junger Menschen. Sind mir alle unbekannt, muss ich einen anderen Weg gehen. Das Warm-up ist entscheidend. Neugierige und erwartungsvolle Augen blicken mich an und ich spüre, wie in den Köpfen der Jugendlichen ein Bild von dem unbekannten Lehrer entsteht. Das Casting kann beginnen.

Dabei muss ich mir möglichst schnell über viele Fragen Klarheit verschaffen und reagieren können: Wie erhalte ich die Aufmerksamkeit der Schüler? Wie führe ich mein Fach ein? Wie schaffe ich eine positive und vertrauensvolle Atmosphäre?

Ich gebe mich von der besten Seite, ziehe alle Register und fühle mich fast wie ein Showmaster. Dabei geht es nicht um Anbiederei. Ich muss authentisch bleiben, nicht zu viel versprechen und meinen Unterricht offen legen.

Das wichtigste aber ist RESPEKT. Den bringe ich meinen Schülern von Anfang an entgegen. Und diesen RESPEKT erwarte ich auch von ihnen. Das ist eine lange und zeitintensive Arbeit. Aber sie lohnt sich und hat Konsequenzen für die zukünftige Zusammenarbeit. Ich erlebe immer wieder, wenn ich zunächst auf der Beziehungsebene viel investiere, habe ich es in der folgenden Zeit einfacher mit der Vermittlung von Inhalten. Dann geht es darum, den Stoff so zu vermitteln, dass er Verstand und Fantasie der jungen Menschen belebt.

Die Schüler sollen sich wohl fühlen in meinem Unterricht. Beide Seiten sollten möglichst schnell wissen, mit wem sie es zu tun haben und wie sie zueinander stehen. Dabei sollte aber auch deutlich werden, dass wir nicht immer eine Kuschelgruppe sind und es Regeln und Grenzen gibt, die wir einhalten müssen.

Gelegentlich stellen wir Verhaltensregeln auf, eine Art Klassenvertrag, den alle unterzeichnen und damit bekunden, dass sie sich daran halten wollen.

Ich erlebe es als befreiend, wenn der Druck der Ungewissheit überwunden ist. Und so wird jede Unterrichtsstunde zu einer Herausforderung und fördert schöpferische Lernprozesse. Und macht Spaß. Mir und hoffentlich auch den Schülern.

Anekdoten und Sprüche rund um den Schulalltag

Träumstunde

Gelegentlich ereifere ich mich in meinem Unterricht. Ich verbeiße mich dermaßen in ein Thema, dass es nur so aus mir heraussprudelt. Und ich lauere nach begeisterten Blicken der Schülerschaft. Jürgen schaut mich mit großen Augen an. Er lächelt und nickt ab und zu. Ihm scheint zu gefallen, was ich von mir gebe. Ich stelle ihm eine Frage. Er lächelt weiter, so, als sei er in einer ganz anderen Welt. Er scheint mich gar nicht zu hören. Kein Wunder, hat er doch die Stöpsel seines CD-Players in den Ohren und lauscht verzückt seiner Lieblingsmusik.

Rollenwechsel

In manchen Klassen ist es schwierig, besonders bei Diskussionen Ruhe zu bewahren. Viele haben etwas zu sagen und wollen es sofort loswerden. Manchmal höre ich dann einfach auf zu reden und setze mich in die letzte Bank. Ich bitte den Hauptstörer, die Rolle des Lehrers zu übernehmen. Nach anfänglicher Verunsicherung findet er seine neue Rolle und führt das Unterrichtsgespräch weiter. Gelegentlich folgen wunderbare und disziplinierte Gespräche, die mich über meine Lehrerrolle nachdenken lassen. Ab und zu verzweifelt der Schüler-Lehrer angesichts der Unruhe und bricht den Unterricht ab. Dann entsteht häufig ein intensives Gespräch über Gesprächsregeln und das Verhalten während des Unterrichts.

Respekt

Ich habe in meiner über 20-jährigen Lehrererfahrung fast nie Jugendliche erlebt, die unverschämt oder beleidigend mir gegenüber waren. Ich führe das auf ein Unterrichtsprinzip zurück, das ich jeder neuen Klasse von Anfang an verdeutliche. Das Zauberwort heißt „Respekt". Vereinfacht gesagt: Ich bringe meinen Schülern Respekt entgegen. Und diesen Respekt erwarte ich auch von ihnen. So arbeite ich viele Wochen an dieser Haltung und stelle immer wieder fest: Wenn es auf der Beziehungsebene klappt, habe ich es in der folgenden Zeit einfacher mit der Vermittlung von Inhalten.

... im Kollegium

Mein soziales Netz

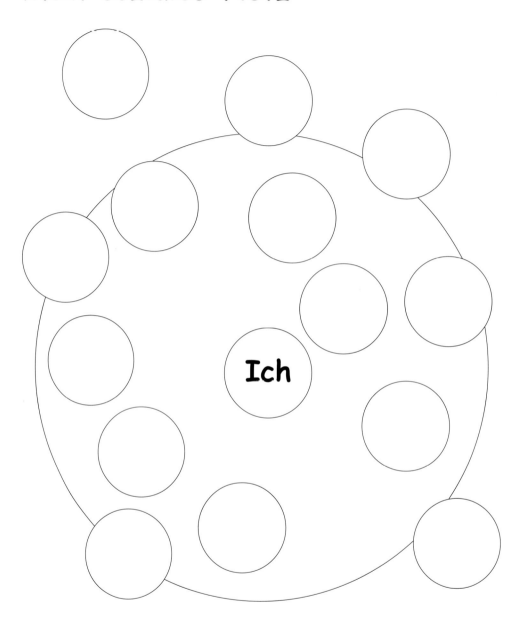

Notieren Sie in den umliegenden Kreisen Namen von Kollegen.
Markieren Sie dann mit unterschiedlich dicken Strichen die Intensität der Kontakte.
Malen Sie die Kontakte bunt an, die Sie gerne verstärken möchten.

Ein guter Schulleiter ...

- ... ist Gestalter, nicht Verwalter.
- ... nimmt sich Zeit für die Anliegen der Mitarbeiter.
- ... achtet auf die Gesundheit der einzelnen Lehrer.
- ... hat Augen und Ohren offen für die zwischenmenschlichen Abläufe im Lehrerzimmer.
- ... verkriecht sich nicht in seinem Büro.
- ... plant vorausschauend und bezieht die Mitarbeiter in die Entscheidungen mit ein.
- ... lässt das Kollegium teilhaben an Entscheidungsprozessen.
- ... vertraut den Lehrern.
- ... legt Wert auf Kooperation und Teamarbeit.
- ... fördert die Kommunikation innerhalb des Kollegiums.
- ... ist ein guter Manager und auch ein guter Pädagoge.
- ... verfügt über gute Menschenkenntnis.
- ... begegnet den Kollegen mit Respekt und Achtung.
- ... gibt Feedback und holt es auch ein.
- ... fordert und fördert.
- ... hat nicht immer Recht.
- ... ist glaubwürdig in seinem Reden und Handeln.
- ... ist konfliktfähig.
- ... nimmt Kritik an und weiß damit umzugehen.
- ... hat Gespür für einen sensiblen Umgang mit den Mitarbeitern.
- ... verfügt über eine hohe kommunikative Kompetenz.
- ... verliert die Schüler nicht aus dem Blick.
- ... hat das Ziel, gemeinsam an einer guten Schule zu arbeiten.
- ... fördert das Zusammenleben der Schulgemeinschaft.
- ... sucht das Gespräch mit den Eltern.
- ... nimmt Rücksicht auf die psychische und physische Verfassung der Mitarbeiter.
- ... verfügt über vielfältige Moderations- und Präsentationstechniken, damit Konferenzen abwechslungsreich und nie langweilig ablaufen.
- ... achtet auf das Wohlbefinden der Lehrer und Schüler.
- ... hat reale Visionen für seine Schule und arbeitet an deren Verwirklichung.
- ... achtet auf Präsenz in der Schule und ist leicht ansprechbar und gesprächsbereit.
- ... bildet mit den Kollegen ein Team, das gemeinsam Ziele zum Wohle der Schulgemeinschaft erreichen will.
- ... setzt die zur Verfügung stehenden Mittel optimal ein.
- ... kann Fakten klar und deutlich präsentieren.
- ... ist offen für neue Ideen und Veränderungen.
- ... fördert eine positive Atmosphäre im Kollegium.
- ... kann Bedürfnisse und Sorgen wahrnehmen und darauf reagieren.
- ... hat immer einen Blick auf das Schulklima.
- ... verfügt über ein großes pädagogisches Wissen und praktische Unterrichtserfahrung.
- ... reagiert rasch auf Unzufriedenheit von Mitarbeitern.
- ...

Umgang mit Kollegen

Dieser Fragebogen soll Ihnen helfen, das Klima im Kollegium für Sie zu verdeutlichen:

In unserem Kollegium herrscht ein sehr gutes Klima	1 2 3 4 5 6 7	In unserem Kollegium herrscht ein sehr schlechtes Klima
Die Leistungsanforderungen sind sehr hoch	1 2 3 4 5 6 7	Die Leistungsanforderungen sind sehr gering
Die Schulleitung vertraut mir ohne ständige Kontrolle	1 2 3 4 5 6 7	Ich fühle mich ständig von der Schulleitung kontrolliert
Ich denke, die Schulleitung ist sehr an meiner Arbeit interessiert	1 2 3 4 5 6 7	Ich denke, die Schulleitung ist überhaupt nicht an meiner Arbeit interessiert
Die Konferenzen laufen interessant und effektiv ab	1 2 3 4 5 6 7	Die Konferenzen sind uninteressant und langweilig
Konflikte im Kollegium werden offen, ehrlich und fair ausgetragen	1 2 3 4 5 6 7	Konflikte im Kollegium werden nicht oder unfair ausgetragen
Wir reden im Kollegium darüber, wie wir uns fühlen	1 2 3 4 5 6 7	Befindlichkeiten werden in unserem Kollegium nicht angesprochen
Kollegen zeigen Interesse und Verständnis, wenn ich mit ihnen über meinen Unterricht rede	1 2 3 4 5 6 7	Niemals würde ich mit Kollegen über meinen Unterricht reden
Die Zusammenarbeit im Kollegium ist sehr gut	1 2 3 4 5 6 7	Die Zusammenarbeit im Kollegium ist sehr schlecht
Das Kollegium wird bei Entscheidungen der Schulleitung mit einbezogen	1 2 3 4 5 6 7	Das Kollegium wird nie bei Entscheidungen der Schulleitung mit einbezogen
Ich treffe mich mit Kollegen auch außerhalb des Unterrichts	1 2 3 4 5 6 7	Nie treffe ich mich mit Kollegen außerhalb des Unterrichts
Viele Kollegen bilden sich weiter, was Inhalte und Methoden betrifft	1 2 3 4 5 6 7	Die meisten Kollegen sind in ihrem Unterricht der Routine verfallen
Ich darf den Unterricht der Kollegen kritisch hinterfragen	1 2 3 4 5 6 7	Niemals würde ich den Unterricht der Kollegen kritisch hinterfragen

Geben Sie den Fragebogen an Kolleginnen und Kollegen weiter und sprechen Sie darüber.

Ich schenke dir ein gutes Wort

Ich schenke dir ein gutes Wort.
Ich schenke dir ein gutes Wort.
Ich schenke dir ein gutes Wort.
Ich schenke dir ein gutes Wort.

Manche Menschen wissen nicht,
dass ihre Nähe Wunder wirkt.

Manche Menschen wissen nicht,
dass ihre Worte trösten und ermuntern.

Manche Menschen wissen nicht,
dass ihr Lächeln die Traurigkeit
wegweht.

Manche Menschen wissen nicht,
dass ihr Anblick erfreut.

Manche Menschen wissen nicht,
dass ihre Zuwendung leben lässt.

Manche Menschen wissen nicht,
dass ihre Meinung gefragt ist.

Manche Menschen wissen nicht,
dass ihre Sicht der Dinge neue Welten
erschließt.

Manche Menschen wissen nicht,
dass ohne sie die Welt ein Stück ärmer
wäre.

Manche Menschen wissen es nicht,
weil es ihnen keiner sagt.

Schenken Sie heute einem Menschen ein gutes Wort: einem Kollgegen, einem Schüler oder auch dem Schulleiter. Sie werden merken: Es wirkt Wunder!
Das können Sie direkt tun oder mit Hilfe eines Zettels.

Kollegiale Fallberatung

Etwa sechs bis acht Kolleginnen und Kollegen treffen sich regelmäßig, um sich gegenseitig bei Problemen im Schulalltag zu beraten und gemeinsam über Problemlösungen nachzudenken. Die Teilnehmer erhalten die Möglichkeit, in einer offenen und wertschätzenden Atmosphäre Themen zu artikulieren.

Um sich nicht in langen Diskussionen zu verlieren, ist die Kollegiale Fallberatung nach Phasen gegliedert, die in dieser Abfolge einzuhalten sind. Es handelt sich um ein strukturiertes Gespräch.

Beim ersten Treffen sollte ein kompetenter Moderator in die Methode einführen, danach kann diese Rolle abwechselnd von den Gruppenmitgliedern übernommen werden.

Es geht letztlich darum, sich selbst immer wieder für den Schulalltag zu motivieren und zu begeistern. Der Rat ist für die Fallgeber nicht verbindlich, sie können sich nehmen, was sie brauchen.

Schritte der kollegialen Fallberatung

1. Organisatorisches

Wer leitet die Sitzung? Wer bringt ein Problem ein? Dabei geht es um Dringlichkeit und den exemplarischen Charakter für alle Teilnehmerinnen und Teilnehmer (TN).

2. Fallbeschreibung

Ein TN berichtet von einem Problem und formuliert eine Fragestellung. Das erleichtert die Klärung des Falls.

3. Klärung

Zur Verdeutlichung des Problems können die Teilnehmer Verständnis- und Informationsfragen stellen. Diese werden kurz beantwortet und nicht diskutiert.

4. Lösungsvorschläge

Die TN stellen ihre Ideen vor, wie das Problem gelöst werden könnte. Diese sollten nicht wertend sein, sodass eine Vielzahl von möglichen Lösungen zur Verfügung steht. Auch hierbei wird nicht diskutiert. Die Lösungsvorschläge können vom Moderator auf einem Flipchart festgehalten werden.

Ein Perspektivenwechsel ist hierbei hilfreich. Dabei schlüpfen die TN in die Rollen beteiligter Personen und äußern sich in deren Sinn („Ich als Kollege…", „Ich als Schülerin…").

5. Lösungsbewertung

Der Fallgeber nimmt Stellung zu den Lösungsvorschlägen. Er entscheidet, was er tun will.

6. Abschluss

Die TN berichten in einem Blitzlicht, wie es ihnen ergangen ist, wie zufrieden sie mit den Lösungsvorschlägen sind und was sie mitnehmen.

Pro Sitzung können etwa zwei bis drei Fälle besprochen werden.
Die besprochenen Probleme können bei folgenden Sitzungen wieder aufgegriffen werden.

Anekdoten und Sprüche rund um den Schulalltag

Das Lehrerkollegium

Preisfrage: Was ist ein Lehrerkollegium? Ein Kollege formulierte es trefflich: Eine Ansammlung ausgebrannter Menschen, die gerne miteinander jammern und sich kontinuierlich von Ferien zu Ferien schleppen bis zum ersehnten Ziel der Frühpensionierung.

Das Wort in den Tag

Ich habe einen Kollegen, mit dem ich ein lieb gewonnenes Ritual pflege. Er denkt viel nach über sich und sein Leben. Wenn ich ihm begegne, gebe ich ihm fast immer eine Lebensweisheit mit auf den Weg. Eine geistige Nahrung, an der er arbeitet. „Das Leben ist keine Generalprobe" oder „Liebe das, was du machst". Wenn er es verdaut hat, kommt gelegentlich auch eine Rückmeldung. „Danke" sagt er im Vorbeigehen.

Statistik

Schüler sind genaue Beobachter. Besonders wenn es das Verhalten des Lehrers betrifft. Manchmal ist es auch die Kleidung. So zeigte mir eine Schülerin schwarz auf weiß, welche Kleidungsstücke eine Kollegin bevorzugt. Über zwei Monate wurde genau Buch geführt: 26 Mal dieselbe Bluse, 35 Mal dieselbe Hose usw. Es ist erstaunlich, zu welchen Leistungen die jungen Menschen fähig sind.

Der Schulleiter

Es gibt Schulleiter, die verwalten ihre Schule. Sie verwalten den Haushalt, die Lehrerinnen und Lehrer, die Schüler und Schülerinnen, den Unterricht und vieles andere mehr. Sie fühlen sich als Behördenchef und residieren in ihrem Büro. Wenn der Lehrer etwas will, muss er zunächst die Hürde der Vordamen überwinden, um in die geheiligten Verwaltungshallen zu gelangen. Und dann muss er aufpassen, was er sagt und wie er sein Anliegen vorträgt.

Und es gibt Schulleiter, die halten sich am liebsten unter ihren Kolleginnen und Kollegen auf. Sie sind in jeder Pause im Lehrerzimmer und suchen die Nähe der pädagogischen Nahkämpfer. Eigentlich bewundern sie diese wegen ihrer Arbeit. Sie leiden zuweilen unter den vielen Vorschriften und ministeriellen Anweisungen. Aber auch diese Arbeit muss getan werden.

Und dann gibt es die Schulleiter, die eher Berührungsängste haben. Sie wollen nicht den Eindruck erwecken, als würden sie kontrollieren. Sie sind zurückhaltend und vorsichtig in allem, was sie tun und sagen. Es könnte ja falsch sein. Und nur niemandem auf die Füße treten.

Spiel:
Lehrer, ärgere dich nicht!

Spielanleitung

Sie benötigen:

- einen Würfel
- Figuren entsprechend der Anzahl der Spieler
- einen Spielplan
- Spielkarten, nach Symbolen sortiert

Spielregeln:

Wer die höchste Zahl würfelt, darf beginnen.
Entsprechend der gewürfelten Augen wird auf dem Spielplan vorgerückt.
Das erreichte Spielfeld gibt durch das Symbol vor, welche Karte gezogen wird;
die Frage oder Anweisung soll umgesetzt werden:

Fragekarte – Beantworten der Frage.

Aktionskarte – Darstellen des Begriffs ohne Worte.

Anekdotenkarte – Zum Stichwort eine Begebenheit aus dem Lehreralltag erzählen.

Assoziationskarte – Begriff umschreiben, sodass Mitspieler ihn erraten können.

Wortkettenkarten – Begriff vorlesen; bilden einer Wortkette mit zusammengesetzten Hauptwörtern rund um den Schulalltag durch alle Mitspieler:
<u>Unterricht</u> - Unterrichtszeit - Zeitplan – Planerfüllung ...

Satzfetzenkarte – Begonnenen Satz zu Ende führen.

Joker – Beliebige Karte wird gezogen und einem Mitspieler überreicht, der die Aufgabe auf der Karte dann umsetzt.

Da es sich hierbei um ein Kommunikations- und Selbsterfahrungsspiel handelt, gibt es keine Sieger und Verlierer. „Lehrer, ärgere dich nicht!" will vor allem dazu anregen, sich über den Berufsalltag und die Schule zu unterhalten und die eigenen Erfahrungen zu reflektieren. Das Spiel eignet sich hervorragend für Freistunden:

Das Spiel kann beginnen!

Fragekarten

Was bedeutet es für Sie, Lehrer zu sein?	Wie reagieren Sie, wenn Sie jemand auf die vielen Ferien anspricht?	Welchen Tipp würden Sie einem jungen Lehrer geben?
Wie sieht für Sie die ideale Schule aus?	Fühlen Sie sich in Ihrem Beruf gestresst? Wenn ja, warum?	Halten Sie sich für einen beliebten Lehrer?
Wie stehen Sie zu der Aussage: Lehrer sind faule Säcke?	Was könnte die Lust am Lehrerberuf bei Ihnen fördern?	Wie würden Sie Ihr Kollegium mit einem Satz beschreiben?
Wie gehen Sie mit schwierigen Schülern um?	Wie würden Sie Ihren pädagogischen Ansatz beschreiben?	Warum ist der Beruf des Lehrers der schönste Beruf der Welt?
Wie begeistern Sie Ihre Schüler?	Wie reagieren Sie auf Unterrichtsstörungen?	Warum sind Fortbildungen für Sie wichtig bzw. unwichtig?

Aktionskarten

ausgebrannt	genervt	belehren
hilflos	autoritär	müde
reif für die Ferien	motiviert	wütend
aggressiv	fröhlich	allein gelassen
am Ende der Ferien	langweilige Konferenz	Montagmorgen

Anekdotenkarten

Klassenfahrt	Aufsicht	Fortbildung
Ferienbeginn	mein erster eigenständiger Unterricht	freche Schüler
Zoff mit der Schulleitung	neidische Mitmenschen	Elterngespräch
Notengebung	launische Kollegen	Pausen-gespräche
Hausmeister	verschlafen	Konferenz

Assoziationskarten

Kollegium	Lehrplan	handlungs- orientierter Unterricht
Ferien	Schulleiter	Notenheft
Klassenarbeit	Tafel	Lernfelder
Pausenaufsicht	Hausaufgaben	Bildungs- standards
Unterrichts- methoden	Arbeitszeit- konten	Zeugnis

Wortkettenkarten

Lehrer	Schüler	Noten
Schule	Ferien	Eltern
Kollegen	Konferenz	Klassen
Methoden	Stress	Module
Projekt	Zeugnis	Pause

Satzfetzenkarten

Ferien bedeutet für mich ...	Ein Lehrer ist ...	Ein Schüler ist ...
Ich träume von ...	Manchmal würde ich am liebsten ...	Wenn ich etwas in meinem Leben ändern könnte, würde ich ...
Eine gute Schule ist ...	Glücklich bin ich in meinem Beruf, wenn ...	Ich habe Angst vor ...
Unser Kollegium kann ...	Wenn ich aus der Schule nach Hause komme ...	Ich bin motiviert, wenn ...
Ich wäre gerne ...	Ich ärgere mich immer, wenn ...	Meine Aufgabe ...

Joker

Literaturhinweise

Peter Butschkow, Gerlinde Heil
Lehrer sein ist cool! Das Anti-Vorurteils-Buch
CARE-LINE 2004

Vera Frey, Stephan König: Mut zur Macht
Starke Schulen brauchen starke Lehrer
Schneider Verlag Hohengehren 2005

Barbara Bittner
Mut tut gut. Eine Ermutigung für Lehrer
CARE-LINE 2004

Thomas Baier, Anne Rotter
Lehrer und gesund
CARE-LINE 2003

Wolfgang Hagemann
Burn-Out bei Lehrern. Ursachen, Hilfen, Therapien
Verlag C. H. Beck oHG 2003

Guido Schwarz
Konfliktmanagement in der Schule
öbv & hpt Verlagsgesellschaft mbH & Co. KG 2004

Birgit Rißland
Humor und seine Bedeutung für den Lehrerberuf
Klinkhardt 2002

Lothar B. Jander
Leben und Überleben in der Schule.
Win-Win-Strategien für Lehrerinnen und Lehrer
Schneider Verlag Hohengehren 2004

Renate Reisch
Schulstress gekonnt meistern. Praktische Tipps für LehrerInnen und Eltern
öbv & hpt Verlagsgesellschaft mbH & Co. KG 2003

Dieter Smolka (Hrsg.)
Schülermotivation. Konzepte und Anregungen für die Praxis
Luchterhand 2004

Rudolf Knapp, Walter F. Neubauer, Heiner Wichterich
Dicke Luft im Lehrerzimmer. Konfliktmanagement für Schulleitungen
Luchterhand 2004

Ursula Drews
Anfänge. Lust und Frust junger Lehrer
Cornelsen Scriptor 2002

Helmut Wehr
Arbeitsplatz Schule. Überlebenshilfen für Lehrerinnen und Lehrer
Universum Verlagsanstalt 2001

Marga Bayerwaltes
Große Pause! Nachdenken über Schule
Verlag Antje Kunstmann GmbH 2002

Hinweise:

Erich Kästner: Ansprache zu Schulbeginn
© Atrium Verlag, Zürich und Thomas Kästner
Der Text „Das Abc der guten Schule" von Otto Herz (s. S. 65) ist auch als Plakat und als Postkartensatz zu erwerben unter: www.otto-herz.de.

Der Text „Ahoi! Was wir an der Schule falsch finden" von K. R. Ä. T. Z. Ä. (s. S. 76) ist auch als Plakat zu erwerben unter: www.kraetzae.de.

Die Texte „Ein Lehrer an seine Schüler: Seid ungehorsam" von Ewald Cramer (s. S. 82) und „Der Streichelautomat" von Detlef Träbert (s. S. 79) sind aus: Publik-Forum, Zeitung kritischer Christen, Oberursel, Ausgabe 1/1994 bzw. 17/1997.

Führungskompetenz entwickeln!

Markus Grimminger
Hey, Lehrer! Schulangst?
Sich durchsetzen – Die Klasse führen – Entspannt unterrichten

64 S., kart.   Best.-Nr. **4439**

Bauchweh vor dem Unterricht? Das muss nicht sein!
Dieses Buch hält Ihnen den Spiegel der täglichen Arbeit vor, denn mit Humor unterrichtet es sich leichter. Es macht Ihnen Mut, Verantwortung für das eigene Verhalten zu übernehmen. Zahlreiche Hilfen zur Verbesserung Ihres Führungsstils und zur Entwicklung von Führungskompetenz bringen Sie weiter. Mit ironischen Beispielen aus dem Schulalltag und praktischen Übungen!

Gerd Friederich
Leiten, lenken, führen
Modernes Schulleitungsmanagement

200 S., kart.   Best.-Nr. **4331**

Auf dem schwierigen Weg zur selbstständigen Schule hat *eine* Person eine herausragende Bedeutung: der Schulleiter bzw. die Schulleiterin. Doch zum Leiten, Lenken und Führen wird man nicht geboren, man muss diese Fähigkeiten erlernen, um seine Persönlichkeit voll zur Geltung zu bringen.
Für diesen Prozess ist das Buch ein hervorragender Begleiter. Der Autor, ein ausgewiesener Fachmann mit langjähriger Führungserfahrung in verschiedenen pädagogischen Bereichen, erläutert anschaulich und praxisnah, wie man eine moderne Schule zur Selbstständigkeit führt und Führungsverantwortung nachhaltig wahrnimmt.

Bequem bestellen direkt beim Verlag:
Telefon: 01 80/5 34 36 17 · Fax: 09 06/73-1 78
Internet: www.auer-verlag.de · E-Mail: info@auer-verlag.de

Auer Verlag GmbH

Gegen Gewalt in der Schule!

Gerlinde Zehschnetzler/Petra Schankin/
Britta Hobert/Heinz-Gerd Hees
Praxis der Streitschlichtung
124 S., DIN A4, kart.　　　　Best.-Nr. **3537**

Das Konzept der Streitschlichtung zeigt einen Weg, der in der Schule realisierbar ist. Die Schüler werden in die Konfliktlösung eingebunden. Ihnen wird zunehmend mehr Verantwortung für ihr Handeln im Schulalltag übertragen, bis sie schließlich fähig sind, selbstständig Konflikte zu bewältigen.

Die vorliegende praxisorientierte Materialiensammlung wurde von Lehrkräften für Lehrkräfte geschrieben. Sie versteht sich als Anregung und Hilfestellung für alle, die an ihrer Schule ein Streitschlichtungsprojekt ins Leben rufen wollen. Der Band enthält sowohl erprobte Arbeitsmaterialien wie etwa Infotexte für die Streitschlichter oder Arbeitsblätter für die Schüler/-innen, als auch einen formalen Teil, in dem z. B. Aushänge für das schwarze Brett, Checklisten usw. zu finden sind.

Karla Drechsler-Schubkegel
Schüler lösen Konflikte
Verbesserung des Klassenklimas –
Abbau von Aggressionen –
Ausbildung der Streitschlichter –
Mediation im Schulprogramm
Material für die Unterstützung der Lehrkraft in der Sekundarstufe I

48 S., DIN A4, kart.　　　　Best.-Nr. **3531**

Viele Kinder und Jugendliche haben es nicht gelernt, Konflikte im Gespräch zu lösen.
Dieser Band mit praxisnahen Projekten und Übungen zum Sozialverhalten hilft mit, das Klassenklima zu verbessern! Wichtige Schritte für eine neue Konfliktlösung sind immer wieder: Konfliktursachen erkennen, neue Konfliktlösestrategien entwickeln und Streitschlichtung durch die Schülerinnen und Schüler selbst praktizieren lassen.

Bequem bestellen direkt beim Verlag:
Telefon: 01 80/5 34 36 17 · Fax: 09 06/73-1 78
Internet: www.auer-verlag.de · E-Mail: info@auer-verlag.de